诚信为本　操守为重

坚持准则　不做假账

——与学习会计的同学共勉

数字化管理会计
1+X 证书制度系列教材

高级
数字化管理会计
——管理会计综合实训

上海管会教育培训有限公司　编

高等教育出版社·北京

内容简介

本书是数字化管理会计 1+X 证书制度系列教材之一。

本书依据《数字化管理会计职业技能等级标准》（高级）和《管理会计应用指引》编写，全书包括实训企业资料及七个项目：战略管理、预算管理、投融资管理、营运管理、成本管理、绩效管理和管理会计报告。本书基于动态的企业环境，运用管理会计思维模式，模拟企业经营管理，通过规划、决策、控制、考核和评价等一系列闭环工作任务和多周期经营来验证企业战略和决策的正确性，并形成满足管理需要的分析报告，锻炼学习者的逻辑思维能力、职业决策力和判断力。

本书中每个工作任务按照"任务目标—任务背景—任务分析—任务操作—任务思考"的逻辑体系编写，是一本完整的管理会计综合实训教材，同时配有趣味性的理论学习资源，补充管理会计理论知识，强化管理会计技能体验，体现"做中学、学中做"的思想，具有较强的实用性。

本书提供教学 PPT 等教学资源，扫描书中二维码可随扫随学相关视频资源，具体获取方式请见书后所附"郑重声明"页的资源服务提示。

本书既可作为数字化管理会计（高级）的培训教材，也可作为应用型本科、高等职业院校、中等职业院校财务会计类、工商管理类等相关专业的教材，一方面强化和补充管理会计、财务管理、成本管理等专业理论课程，另一方面拓展管理会计综合实训课程，培养学习者综合管理能力，打开未来职业发展方向。本书还可供会计、工商管理相关从业者和社会人士阅读参考使用。

图书在版编目（C I P）数据

高级数字化管理会计：管理会计综合实训 / 上海管会教育培训有限公司编. -- 北京：高等教育出版社，2021.11

ISBN 978-7-04-056613-0

Ⅰ.①高…　Ⅱ.①上…　Ⅲ.①管理会计 - 高等职业教育 - 教材　Ⅳ.①F234.3

中国版本图书馆 CIP 数据核字（2021）第 152474 号

高级数字化管理会计——管理会计综合实训
GAOJI SHUZIHUA GUANLI KUAIJI——GUANLI KUAIJI ZONGHE SHIXUN

| 策划编辑 | 武君红 | 责任编辑 | 贾玉婷 | 封面设计 | 王　洋 | 版式设计 | 杜微言 |
| 插图绘制 | 黄云燕 | 责任校对 | 窦丽娜 | 责任印制 | 赵　振 | | |

出版发行	高等教育出版社	咨询电话	400-810-0598
社　　址	北京市西城区德外大街 4 号	网　　址	http://www.hep.edu.cn
邮政编码	100120		http://www.hep.com.cn
印　　刷	天津鑫丰华印务有限公司	网上订购	http://www.hepmall.com.cn
开　　本	787mm×1092mm　1/16		http://www.hepmall.com
印　　张	12.25		http://www.hepmall.cn
字　　数	260 千字	版　　次	2021 年 11 月第 1 版
插　　页	1	印　　次	2021 年 11 月第 1 次印刷
购书热线	010-58581118	定　　价	42.00 元

数字化管理会计 1+X 证书制度系列教材

编写委员会

主 任 委 员： 刘红薇（中国总会计师协会）

副主任委员（按姓氏笔画排序）：

徐　俊（武汉市财政学校）

董京原（山西省财政税务专科学校）

潘　飞（上海财经大学）

委　　　员（按姓氏笔画排序）：

王　云	王凤兰	王亚楠	王　欢	王红新	王　芳
王际峰	王忠孝	王　森	井莹莹	戈兴飞	牛秀粉
古　今	卢特丹	西德国	朱　萌	刘小海	许　辉
李俊峰	李海燕	李　锐	李增欣	杨　梅	吴晓静
吴　骏	宋建涛	张云生	张红梅	陈三华	陈　文
陈祥碧	苑　梅	范宇鹏	罗志敏	周庆元	周孝海
周　遊	单　松	赵红英	赵爱萍	曹　军	渠子珠
韩宝国	鲁冰荷				

在这个充满无限可能的人工智能时代，财务智能机器人横空问世。互联网、大数据、人工智能、云计算等数字化信息技术在业财与管理领域的广泛运用，使会计界正在经历一场由财务会计向管理会计转型的深刻变革。数字化业务的发展已经重塑了财务人才市场的需求，行业产业的变革对财务人才不断提出新要求，培养复合型的管理会计人才已是大势所趋。

2019 年 1 月 24 日，国务院印发了《国家职业教育改革实施方案》，明确提出在职业院校、应用型本科高校启动"学历证书 + 若干职业技能等级证书"制度试点（以下简称"1+X证书制度试点"）。2019 年 4 月，教育部等四部门印发了《关于在院校实施"学历证书 + 若干职业技能等级证书"制度试点方案》的通知，部署启动 1+X 证书制度试点工作。上海管会教育培训有限公司开发的财会领域数字化管理会计职业技能等级证书入围第三批职业技能等级证书，参与 1+X 证书制度试点。

数字化管理会计职业技能等级证书以社会需求、企业岗位（群）需求和《数字化管理会计职业技能等级标准》为依据，对学习者的职业技能进行综合评价，如实反映学习者职业技术能力，促进学校学历教育和产业需求有机结合，并以学历证书为基础，对学历证书要求的内容进行强化、补充、拓展。

为落实 1+X 证书对"1"强化、补充、拓展的要求，确保数字化管理会计职业技能等级证书顺利、有效的实施，方便书证融通、课证融通，上海管会教育培训有限公司联合财会领域龙头企业以及职业教育专家，根据《数字化管理会计职业技能等级标准》，对应教学标准，对接职业标准，以实际岗位需求为导向，以"学训结合"为原则，以强化职业技能为目标，开发了符合行业发展和职业教育需求的数字化管理会计 1+X 证书制度系列教材。本系列教材体现了以下特色：

1. 知识体系与价值体系并建，落实立德树人的根本任务

本系列教材以习近平新时代中国特色社会主义思想为指导，坚持正确的政治方向、舆论导向和价值取向，落实立德树人的根本任务。本系列教材依据《数字化管理会计职业技能等

级标准》，结合《中华人民共和国会计法》《管理会计应用指引》《管理会计基本指引》《财政部关于全面推进管理会计体系建设的指导意见》《企业内部控制基本规范》等法规政策文件，致力于建立健全学生在新的政策环境、行业发展模式下的价值体系，实现人才培养中社会主义核心价值观、职业理想与职业道德、实践育人、法律意识与专业素质的全方位综合培养目标。

2. 建设在线开放课程和新形态一体化教材，实现线上线下互动

根据《数字化管理会计职业技能等级标准》，开发了《初级数字化管理会计——理论、案例与实训》《中级数字化管理会计——理论、案例与实训》《高级数字化管理会计——管理会计综合实训》教材。同步开发了在线开放课程，建设了微课、动画、视频、课件等类型丰富的数字化教学资源，并精选优质资源以二维码的形式嵌入书中，提高了学习的便利性和趣味性，实现线上线下互动，方便学习和教学，实现了在线开放课程和新形态一体化教材的"互联网＋"式互动。

3. 注重任务分析，培养学生的职业判断力

不同于传统的学科体系教材，本系列教材以多种类型企业经营活动为背景，以不同行业的经济业务活动为载体，采用案例分析方式来分析典型工作任务中的业务逻辑和管控要点。每个工作任务遵循"任务目标、任务背景、任务分析、任务操作、任务思考"的逻辑体系，结构清晰，内容侧重实战，注重学习者技能的培养。同时对于关键技能点，均配套相关学习资源，对数字化管理会计技能进行补充和拓展。

4. 聚焦关键工作领域，推动"工学结合"

本系列教材立足标准，聚焦采购作业、生产作业、销售作业、资金结算、数据分析、战略管理、预算管理、投融资管理、营运管理、成本管理、风险管理、绩效管理等关键工作领域，梳理典型工作任务，将理论知识融入具体实训任务，使学生将理论学习与实践过程相结合，从而加深对自己所学专业的认识，使学生看到所学理论与工作之间的联系，提高他们理论学习的主动性和积极性。

本套教材的编写将伴随着1+X证书的发展不断补充完善，它代表着职业教育的全新面貌，也将见证职业教育改革的未来，它是财务改革之路的起点，也是未来财务发展的新方向，我们衷心希望它的出版能为中国职业教育、中国财务领域探索出一条成功之路、一条未来之路。

上海管会教育培训有限公司

2021 年 6 月

随着大数据、人工智能、移动互联网、云计算、区块链等新技术的发展，各行各业都在不断变革，财会行业也不可避免，财务智能化时代已然来临。德勤、毕马威、安永、普华永道的财务机器人先后问世，过去标准化、规范化的财务工作流程逐渐被替代，财务核算工作越来越变得自动化，财务操作越来越高效率。1 个机器人的工作量等于 15 个财务人员的工作量，财务智能化帮助企业降低了成本、提高了运营效益，但是，其最大的冲击就是导致大量的基础财会岗位的人员失业。因此财会人才必须主动转型，顺应时代潮流，努力使自己成为具有多维度思维和综合能力的复合型财会人才。

未来的财务是智能财务的时代，在大数据的推动下，在数字化企业背景下，财务人员不仅要"懂业务"，还要"会管理"。财务人员要能做数据分析和决策，能对多期、多变数据进行多维度数据收集与分析，具备多维数据分析和运用数据分析结果支持战略、风险、成本、绩效管理决策的能力，并最终以可视化多样化报告的形式呈现管理会计数据。不管未来财务组织的发展会变成什么样，具备决策、管理能力的财务人是永远不会被淘汰。毕竟企业在数字化环境的竞争中，需要的是可以更快处理信息，并更迅速地将这些信息转化为更加深刻的见解，为企业管理者决策提供支持的人才。因此，"懂业务、会管理、能决策"是数字化时代管理会计人才的定位。

1. 本书内容架构

本书包括实训企业资料及七大项目：战略管理、预算管理、投融资管理、营运管理、成本管理、绩效管理和管理会计报告。通过制定预算方案、竞争策略、成本控制、经营决策进行模拟经营，从而形成满足管理需要的分析报告。

战略管理涉及战略和各维度目标的制定，包括销售战略、生产战略、财务维度、客户维度和内部流程维度。根据市场分析制定销售战略，根据销售战略和企业产能制定生产战略，将销售战略和生产战略进行逐项分解，制定各维度目标指标。通过分析市场需求和企业产能，掌握销售数量和价格的制订，以及生产计划的制订。应用平衡记分卡，进行各维度目标指标的制定。

预算管理涉及企业业务预算和财务预算的编制。根据企业销售战略和生产战略，逐层进行目标分解，进行以销售为起点的预算编制，分别编制各项业务预算和财务预算。随时根据预算数据和经营数据信息，分析预算差异和风险，调整预算。最后根据企业预算编制和执行结果进行考核，并对考核结果进行奖惩。预算管理指导经营活动的改善和调整，进而推动实现企业战略目标的管理活动。

投融资管理涉及企业投资项目和融资项目。投资管理根据企业战略规划，在分析企业现有产品品种及其结构的基础上，确定产品研发的方向，并选择合适的生产线和厂房设备等进行投资管理，以实现企业价值最大化。融资管理主要是结合企业投资计划以及负债情况，从而确定各季度现金流量，分析制订公司的融资计划，以实现既定的战略目标。

营运管理涉及本量利分析、市场广告投放、竞标拿单、产品的进销存、支付费用和折旧等一系列营运活动，通过本量利分析可以用来预测企业的获利能力，预测要达到目标利润应当销售多少产品（或完成多少销售额），预测变动成本、销售价格等因素的变动对利润的影响等。通过本量利分析，在面对企业一系列经营活动时，正确做出短期经营决策，规避短期经营风险。

成本管理涉及标准成本分析和作业成本分析。标准成本分析是通过直接材料成本差异、直接人工成本差异、变动制造费用差异、固定制造费用差异四方面进行计算分析；作业成本分析是把企业消耗的资源按资源动因分配到作业，并把作业收集的成本按作业动因分配到成本对象。通过各项成本分析，控制各项成本影响因素，调整控制未来的生产成本使其符合企业目标成本。

绩效管理涉及对战略管理的各个项目的绩效评价，一是企业整体层次的业绩考核，长期战略业绩考核；二是企业分部业绩考核，财务维度、客户维度和内部流程维度目标业绩考核。运用特定的指标，比照统一的标准，采取规定的方法，对经营业绩作出判断，并与激励结合的考评制度。

管理会计报告针对企业经营管理问题，为满足企业内部需求，运用管理会计方法提出具体原因、未来走势、后续结果和建议措施等一系列内容，面对对象不同，阐述内容形式也有所不同，实训中企业管理会计报告可分为战略层管理会计报告和经营层管理会计报告，主要目标是为企业各层级进行规划、决策、控制和评价等管理活动提供有用信息。

2. 本书特点

（1）与数字化管理会计（初级）和数字化管理会计（中级）相互衔接。管理会计体系庞大，"1+X 数字化管理会计"职业技能等级证书依据"够用、实用、适用"原则推进业财融合，发展管理会计。懂业务是基础，财务是记录企业发生的各种事项，事项指的就是业务，所以业务一定是财务的基础。

本书在《初级数字化管理会计——理论、案例与实训》和《中级数字化管理会计——理论、案例与实训》的知识、技能基础之上，在动态的市场环境中，教会学生进一步分析数据，并根据分析结果做出决策，将能力要求由会管理上升到能决策。

（2）理论与实训相结合。理论与实训相结合的"一体化"教学，是职业学校改革的方向，也是培养现代化企业所需适用人才的必由之路，但传统的教学模式是理论与实训教学分别进行，各自为政，互不相干。理论教学与实训教学严重脱节，影响了教学质量的提高及技能人才的培养。本书采用理论与实训相结合的方式，将理论作为实训内容的补充，通过"必备知识技能导图"将碎片化知识串起来，并在完成一个个实训任务中灵活运用，不仅让学生建立起管理会计知识框架，还能运用管理会计知识解决实际问题。这样既增强了学生基本素质的形成，也提高了专业能力的培养。

（3）可"经营"实务案例教学。本书以数字化管理会计模拟沙盘系统为载体，模拟不同经济活动下管理会计活动的各个环节，连续经营数个会计年度，涉及战略规划、滚动预算管理、标准成本分析、本量利分析、平衡计分卡等多种管理工具方法。学生在相互竞争中利用不断变化的财务信息和非财务信息开展有关业务，所分析的案例数据是个性化的、灵活多变的。学生通过制订预算方案、竞争策略、成本控制、经营决策进行模拟经营，从而形成满足管理需要的分析报告，充分考查学生综合运用管理会计专业知识和工具进行分析、判断和处理实际问题的能力，培养指导企业经营的管理会计思维。

综上，本书通过完成企业内外部环境分析、战略分析与选择、战略制定、战略实施、全面预算编制、投融资决策分析、本量利分析、标准成本分析、作业成本分析、绩效计划制订、绩效考核、管理会计报告编制与分析、管理会计报告评价与优化等任务，使学习者具备从事数字化管理会计必备的战略管理、预算管理、投融资管理、营运管理、成本管理和绩效管理等决策能力。本书主要面向企业业务部、规划部、财务部等部门和专业服务机构的管理会计主管工作岗位（群），培养未来从事战略管理、预算管理、投融资管理、营运管理、成本管理、绩效管理等工作的企业人员。

本书作为数字化管理会计1+X证书的配套教材，内容对接《数字化管理会计职业技能等级标准》（高级），在企业模拟实训中，通过多轮闭环锻炼，训练学生的综合管理会计思维，培养学生的综合数据分析能力、项目决策力和职业判断力。本书的编写受到了社会的关注、企业的认可和院校的支持，这里要感谢行业企业对我们的关注和认可，同时感谢潘飞、王际峰、王忠孝、陈文、苑梅、范宇鹏、古今、牛秀粉、韩宝国、许辉、周遊、赵爱萍等老师在百忙之中抽出时间参与本书的编写工作。

新的数字化时代背景下将诞生新的管理会计，由于认识水平所限，本书难免存在一些不足之处，我们期待各位读者对书中的不足提出批评建议，同时也期待通过和各位读者在不断交流和修改的过程中持续建设极具创新和实用意义的数字化管理会计教材，为管理会计的人才培养尽绵薄之力。

上海管会教育培训有限公司

2021 年 6 月

目 录

实训企业资料 / 1

项目一　战略管理 / 5

　　任务一　销售战略 / 6

　　任务二　生产战略 / 17

　　任务三　财务维度 / 22

　　任务四　客户维度 / 27

　　任务五　内部流程维度 / 33

项目二　预算管理 / 35

　　任务一　销售预算 / 36

　　任务二　销售费用预算 / 38

　　任务三　生产预算 / 40

　　任务四　直接材料预算 / 42

　　任务五　直接人工预算 / 47

　　任务六　制造费用预算 / 49

　　任务七　产品成本预算 / 52

　　任务八　期末存货预算 / 55

　　任务九　管理费用预算 / 57

　　任务十　资金预算 / 60

　　任务十一　编制预计利润表 / 64

　　任务十二　编制预计资产负债表 / 66

项目三　投融资管理 / 71

　　任务一　产品研发 / 72

　　任务二　购买厂房 / 76

任务三　购买生产线 /78

任务四　短贷 / 还本付息 /81

任务五　长贷 / 还本付息 /84

项目四　营运管理 /87

任务一　本量利分析 /88

任务二　市场广告投放 /94

任务三　竞标拿单 /98

任务四　产品下线入库 /100

任务五　材料采购 /102

任务六　投入生产 /106

任务七　交货给客户 /109

任务八　支付应交税费 /111

任务九　应收应付账款 /112

任务十　支付相关费用 /114

任务十一　计提折旧 /116

任务十二　市场开拓 /118

任务十三　ISO 认证 /121

任务十四　决算报告 /123

项目五　成本管理 /133

任务一　标准成本分析 /134

任务二　作业成本分析 /144

项目六　绩效管理 /151

任务　绩效管理分析 /152

项目七　管理会计报告 /157

任务　编制管理会计报告 /158

附录一　规则说明 /161

附录二　规则测试题 /167

附录三　辅助工具使用分析 /171

实训企业资料

　　甲企业是一家新成立不久、总部设立在中国某市的生产制造型企业，目前该企业以设计、生产和销售 P1 产品为主营业务。企业资金充裕、银行信誉良好，拥有四条生产线（1 条手工线、1 条半自动线、1 条全自动线和 1 条柔性线）生产 P1 产品，在本地市场有一定的销售基础，企业一直致力于倾听客户的需求，提供客户所信赖和注重的产品与服务。

　　随着市场决定资源分配的宏观环境日益稳定，企业由传统生产型向生产经营型和开拓经营型转变。企业产品成本核算的目的转变为为企业内部管理服务，从而切实提高企业的经济效益。企业意识到要建立一套满足企业内部管理的规划、决策、控制和评价体系，如何评估关键业务因素形成长期和短期的规划，如何预测未来财务和运营资源及要求，如何为某一特定时期或项目进行全面预算，如何在经营过程中实现物料供应、产品生产和销售等环节的价值增值，如何预测、控制和分析营运过程中发生的成本，最终形成满足企业价值管理和决策支持需要的内部报告，已经成为企业迫切需要解决的问题。

　　股东希望新的管理团队通过不断分析市场变化，不断研发新型产品，使企业在市场博弈中能够脱颖而出，为股东带来更多的利益。

　　企业现阶段的资产负债表和利润表如表 0-1、表 0-2 所示。

表 0-1　资产负债表　　　　　　　　　　　　　　　　　单位：万元

资产	金额	负债及所有者权益合计	金额
流动资产：		流动负债：	
货币资金	434	短期借款	
其他应收款		应付账款	
应收账款	980	预收款项	
存货		应交税费	159.25
原材料	400	流动负债合计	159.25
在途物资		非流动负债：	
在制品	413	长期借款	400
库存商品	400	非流动负债合计	400
发出商品		负债合计	559.25
流动资产合计	2 627		

资产	金额	负债及所有者权益合计	金额
非流动资产:			
固定资产原价:			
土地和建筑	320		
机器和设备	265		
减: 累计折旧	468	所有者权益:	
固定资产账面价值	117	实收资本	2 000
在建工程		盈余公积	47.78
其他非流动资产		未分配利润	136.97
非流动资产合计	117	所有者权益合计	2 184.75
资产总计	2 744	负债和所有者权益总计	2 744

表 0-2 利 润 表[①]　　　　　　单位: 万元

项目	金额
营业收入	1 760
减: 变动成本	
变动生产成本	758
变动非生产成本	255
变动成本总额	1 013
边际贡献	747
减: 固定成本	
固定制造费用	58
固定销售费用	32
固定管理费用	0
固定财务费用	20
固定成本总额	110
营业利润	637
加: 营业外收入	
减: 营业外支出	
利润总额	637
减: 所得税费用	159.25
净利润	477.75

---

① 此利润表是按变动成本法编制的, 供企业内部使用的报表。

1. 资金状况

甲企业目前拥有现金 434 万元、长期贷款 400 万元、应收账款 980 万元。其中长期贷款包含两项，分别是：额度为 200 万元，除第一年外账期还剩余 3 年的长期贷款，需要在第 4 年年末有足够的资金偿还贷款本金；额度为 200 万元，除第一年外账期还剩余 4 年的长期贷款，需要在第 5 年年末有足够的资金偿还贷款本金。应收账款也包含两项，分别是：额度为 490 万元，账期为 2 季度的应收账款，在第 3 季度收回资金；额度为 490 万元，账期为 3 季度的应收账款，在第 4 季度收回资金。

形式如图 0-1 所示：

图 0-1　甲企业资金状况

2. 产能状况

目前甲企业只有 A 厂房，净值为 64 万元，已安置 4 条生产线（1 条手工线、1 条半自动线、1 条全自动线和 1 条柔性线），A 厂房第一车间手工线净值 5 万元、第二车间半自动线净值 8 万元、第三车间全自动线净值 16 万元、第四车间柔性线净值 24 万元，4 条生产线均是在产状态，其中手工线的产品还需要 2 个季度生产完毕，半自动线、全自动线和柔性线的产品已经处于最后生产周期。

除此之外，甲企业最多可容纳 3 个厂房，现已安置 A 厂房，B 和 C 厂房还未购买安置，且 B 厂房可容纳 3 条生产线，C 厂房可容纳 1 条生产线，故甲企业最多可安置 8 条生产线。如图 0-2 所示。

图 0-2　甲企业产能状况

3. 库存状况

目前甲企业有 80 件 R1 材料，价值 400 万元，每件 R1 材料单价为 5 万元；40 件 P1 产品，价值 400 万元，每件 P1 产品单位成本为 10 万元。如图 0-3 所示。

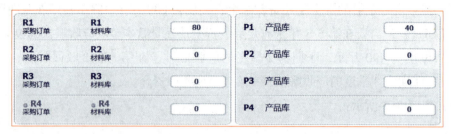

图 0-3　甲企业库存状况

必备知识技能导图

战略管理

- 战略分析
  - 外部环境分析
    - 市场需求量
    - 市场价格
  - 内部环境分析
    - 产能
    - 资金状况
  - 分析的工具
    - 外部因素评价矩阵
    - 波特五力分析
    - 竞争态势矩阵
    - 波士顿矩阵
    - 内部因素评价矩阵
    - SWOT分析
- 战略制定
  - 制定销售战略
    - 确定研发产品
    - 确定销售市场
    - 确定销售时间
    - 确定销售数量
  - 制定生产战略
    - 确定生产的产品
    - 确定生产数量
    - 确定排产计划
  - 制定财务维度目标
    - 预测净资产收益率
    - 预测营业利润
    - 预测税前利润
    - 预测销售收入
    - 预测成本控制总额
  - 制定客户维度目标
    - 预测市场占有率
    - 预测广告投放额
    - 预测ISO认证费用
    - 预测新市场销售量
    - 预测新品销售量
    - 预测毛利率
  - 制定业务流程维度目标
    - 预测及时供货率
    - 预测制造成本降低率
- 战略实施与调整
  - 调整销售战略
    - 产能因素
    - 库存状况
    - 研发周期
    - 实际销售状况
    - 未来市场状况
  - 调整生产战略
    - 产能状况
    - 库存状况
    - 预计销售状况

任务一　销售战略

视频：经营战略概述

任务目标

● 能够根据市场相关数据，分析产品的市场需求趋势、价格趋势。

● 能够根据企业内部情况，分析企业内部产能和资金状况。

● 能够根据内外环境分析结果，确定战略方向、制定销售战略。

任务背景

在管理会计中，战略对企业后期发展决策的重要性不言而喻。由于销售在企业经营中有着突出的地位，对企业总体战略实施起着关键的作用，特别是对竞争激烈和现阶段市场环境变化快的企业，制定销售战略更加迫切和必要。

以下为制定销售战略所需的内外部数据。

一、市场分析数据

市场分析数据如图 1-1～图 1-8 所示。

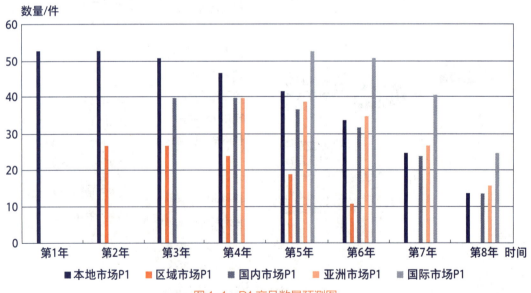

图 1-1　P1 产品数量预测图

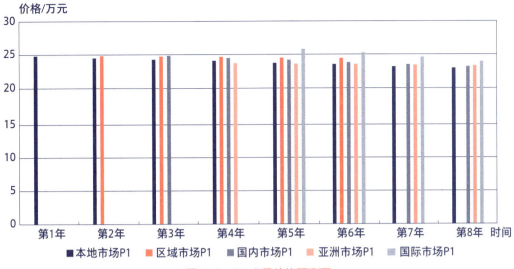

图 1-2　P1 产品价格预测图

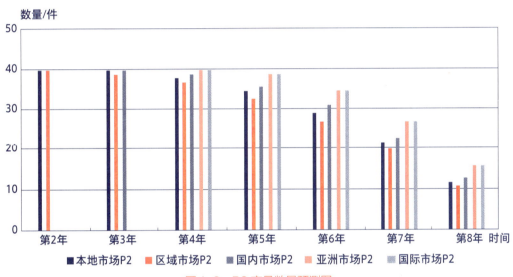

图 1-3　P2 产品数量预测图

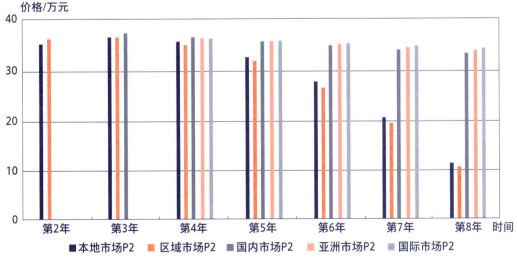

图 1-4　P2 产品价格预测图

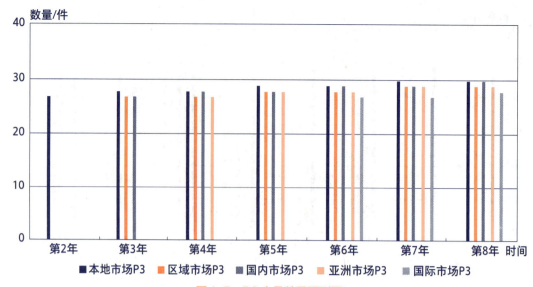

图 1-5　P3 产品数量预测图

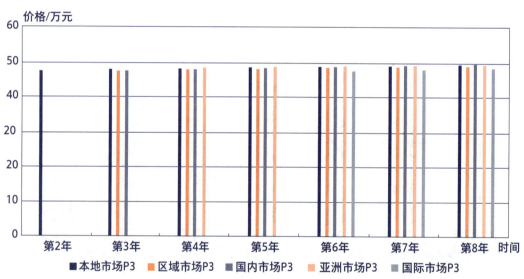

图 1-6　P3 产品价格预测图

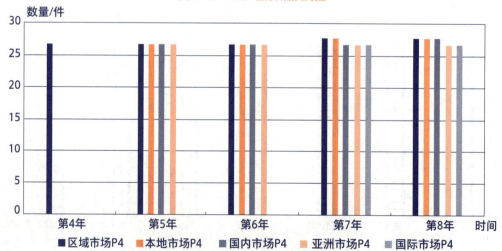

图 1-7　P4 产品数量预测图

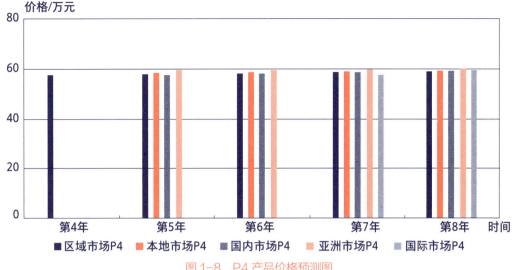

图1-8　P4产品价格预测图

二、企业内部数据

（一）资金情况

甲企业目前拥有现金434万元、长期贷款400万元、应收账款980万元，在经营过程中可以通过短期贷款、民间融资和长期贷款获得资金。

（二）库存

企业目前产品库存中有40件P1；材料库存中有80个R1。

（三）厂房和生产线状况

目前企业只有A厂房，净值为64万元，已安置4条生产线，一条手工线、一条半自动线、一条全自动线和一条柔性线，并且均是在产状态，不同生产线的生产周期不同，手工线的生产周期是3个季度，半自动线的生产周期是2个季度，全自动线和柔性线的生产周期是1个季度，每条生产线的周期产量都是10件。

目前手工线上的产品还需要2个季度生产完毕，半自动线、全自动线和柔性线上的产品已经处于最后生产周期，所以第一年第一季度就会下线30件P1，当前的产能为110件。

（四）资质情况

（1）企业目前只开发了本地市场，区域、国内、亚洲和国际市场均未开发。

（2）企业目前没有任何认证。

（3）企业目前只能生产P1产品，P2、P3和P4产品均未研发，不能生产。

任务分析

一、制定销售战略

销售战略是管理者确立企业长期目标，在综合分析各种内外相关因素的基础上，制定达到目标的战略。分析的内外部因素包括市场环境分析和内部环境分析，根据分析结果进行战略定位，确定研发产品和目标市场；依据产品在目标市场的总体需求确定各个产品在目标市场的销售量，最终确定各个产品每年的销售量。

以下是制定销售战略的具体分析步骤。

（一）市场分析

根据市场数据进行市场分析得出产品在不同年份不同市场下的可销售情况。

由于市场竞争的日趋激烈，企业对外部环境的依赖程度越来越高，企业的变化必须以外部环境的变化为基础，更加需要留心市场变化的动态，以下为各类产品在不同市场上可销售的最大数量，根据任务背景市场分析数据图1-1~图1-8汇总得出，详情见表1-1。

表1-1 市场预测数据

产品	市场	第一年		第二年		第三年		第四年		第五年	
		预测量/件	价格/万元	预测量/件	价格/万元	预测量/件	价格/万元	预测量/件	价格/万元	预测量/件	价格/万元
P1	本地市场	53	25.0	53	24.8	51	24.5	47	24.3	42	24.0
	区域市场			27	25.0	27	24.9	24	24.8	19	24.7
	国内市场					40	25.0	40	24.7	37	24.4
	亚洲市场							40	24.0	39	23.9
	国际市场									53	26.0
	合计	53	25.0	80	24.9	118	24.8	151	24.4	190	24.7
P2	本地市场			40	36.0	40	37.2	38	36.4	35	33.2
	区域市场			40	37.0	39	37.3	37	35.7	33	32.3
	国内市场					40	38.0	39	37.2	36	36.4
	亚洲市场							40	37.0	39	36.4
	国际市场							40	37.0	39	36.5
	合计			80	36.5	119	37.5	194	36.7	182	35.0

产品	市场	第一年		第二年		第三年		第四年		第五年	
		预测量/件	价格/万元	预测量/件	价格/万元	预测量/件	价格/万元	预测量/件	价格/万元	预测量/件	价格/万元
P3	本地市场			27	48.0	28	48.3	28	48.6	29	48.9
	区域市场					27	48.0	27	48.3	28	48.6
	国内市场					27	48.0	28	48.4	28	48.8
	亚洲市场							27	49.0	28	49.2
	国际市场										
	合计			27	48.0	82	48.1	110	48.6	113	48.9
P4	本地市场									27	59.0
	区域市场							27	58.0	27	58.4
	国内市场									27	58.0
	亚洲市场									27	60.0
	国际市场										
	合计							27	58.0	108	58.9

上述数据为本企业每年在各类市场上可销售的最大产品数量。最大产品数量的获取与广告费用的投放金额相关，广告投放金额一般为销售订单收入的2%~15%，在这个范围内投放的广告费用越多，能拿到的订单也就越多。综上所述可以看出：

（1）五年的市场需求量P1为592件，P2为575件，P3为332件，P4为135件。

（2）P1和P2市场份额占比较多，P3和P4市场份额占比较少。

（3）P1和P2的生命周期在第三年、第四年以及第五年是成熟期，在第五年往后慢慢进入到衰退期。

（4）P3和P4的生命周期在第四年和第五年还是成长期。

（5）根据前五年的数据来看，本地市场的占比最大。

（6）P1和P2产品在每个市场中可以销售的前两年属于成熟期，往后几年是慢慢衰退的，P3和P4产品一直处于成长到成熟期的阶段。

所以我们在选择产品时，可以选择用市场来弥补产品销量上的短缺，或者选择研发多种产品来弥补产品后期销量衰退的情况，或者两者都选择。

（二）内部环境分析

根据内部数据进行内部环境分析得出企业内部产能和资金状况。

1. 产能

计算企业内部生产产能以及企业可达到的最大产能，表1-2为企业当前的产能，表1-3为企业内部可达到的最大产能。

表1-2　企业内部当前年产能表

单位：件

生产线	A厂房	B厂房	C厂房
手工线	10	0	0
半自动线	20	0	0
全自动线	40	0	0
柔性线	40	0	0
合计	110	0	0

表1-3　企业内部最大产能表

单位：件

A厂房	B厂房	C厂房
全自动线/柔性线年产能40	全自动线/柔性线年产能40	全自动线/柔性线年产能40
全自动线/柔性线年产能40	全自动线/柔性线年产能40	
全自动线/柔性线年产能40	全自动线/柔性线年产能40	
全自动线/柔性线年产能40		

若扩展生产产能，可达到的最大产能是320件，但第一年的最大产能是230件（不考虑材料紧急采购的情况），因为第一年手工线还剩两个周期生产，除此之外原材料有采购周期、期初原材料数量仅为80个。

5年后企业能达到的最大产能为1 510件，期初P1库存为40件，故5年后企业最多可销售产品的数量是1 550件，其中所有市场中所有产品的预测销售量之和为1 634件，而第四年国际市场上P2产品的销量是企业无法获取的，故市场上所有产品的有效且最大销售量为1 594件。从数据上判断，产能略小于市场可销售量，制定销售战略时，销量总和要小于等于1 550件，基本上可以满足市场的需求。

2. 产品研发周期

产品研发周期表如表1-4所示。

表1-4　产品研发周期表

产品	研发周期/季	研发费用/（万元/季）
P2	6	10
P3	6	20
P4	6	30

产品研发周期会影响产品的销售：比如P2产品需要1年半研制后才能投入生产并销售，因此即使在第一年第一季度进行研发，在第一年仍旧无法销售P2。所以在确定产品

的销量和销售时间时，需要考虑产品的研发周期。

3. 资金状况

每年根据当前的状况预测企业的资金需求，并判断当前的贷款额度是否满足资金的需求。企业资金需求预测表如表1-5所示。

表1-5　企业资金需求预测表

项目	金额 / 万元
期初现金	
加：销售收入	
期初应收账款	
减：本期应付账款	
购置资产	
本期还款负债	
广告费	
市场开拓费	
ISO 认证费用	
维修费、水电费、车间管理人员工资	
期末现金	
企业内部可贷款的最大额度	

其中：

（1）期初现金为年初的现金余额。

（2）销售收入为当年预测的销售收入，当年的销售收入现金取得多少须根据订单的账期和库存来做决策和判断。

（3）期初应收账款为当年年初企业的应收账款。

（4）本期应付账款为企业年初的应付账款和本年的采购金额，本年的采购金额与材料采购的数量、到货时间相关。

（5）购置资产的现金与当年的规划相关。

（6）广告费、市场开拓费、ISO 认证费用和维修费、水电费、车间管理人员工资按照每年可达到的最大金额计算。

最后，根据资金状况可判断企业当前的现金流，若现金流充足，可适当扩大销售战略，若不充足，可适当缩小销售战略。

（三）确定要研发的产品和开拓的市场

综合考虑内外环境分析结果，结合 5 年后企业需要达到的权益，确定研发的

视频：波士顿矩阵

产品、产品研发的时间、开拓的市场和市场开拓的时间。

产品研发清单、市场开拓清单如表1-6、表1-7所示。

表1-6　产品研发清单

第一年	第二年	第三年	第四年	第五年
□P2产品 □P3产品 □P4产品	□P2产品 □P3产品 □P4产品	□P2产品 □P3产品 □P4产品	□P2产品 □P3产品 □P4产品	□P2产品 □P3产品 □P4产品

注：每年选择研发何种产品可在前面方框中打√，研发完成后则可以生产

表1-7　市场开拓清单

第一年	第二年	第三年	第四年	第五年
□区域市场 □国内市场 □亚洲市场 □国际市场	□区域市场 □国内市场 □亚洲市场 □国际市场	□区域市场 □国内市场 □亚洲市场 □国际市场	□区域市场 □国内市场 □亚洲市场 □国际市场	□区域市场 □国内市场 □亚洲市场 □国际市场

注：每年选择的开拓市场可在前面方框中打√，开拓完成后则可以投放广告竞单

（四）确定销售数量

根据市场需求量和企业内部状况确定产品在各个市场的销售数量。表1-1为产品在市场上的最大销售和标准单价，根据表1-1、权益目标、研发的产品和开拓的市场预测产品的销量，销售数量预测分布表见表1-8。

表1-8　销售数量预测分布表　　　　　　　　　　单位：件

产品	市场	第一年	第二年	第三年	第四年	第五年
P1	本地市场					
	区域市场					
	国内市场					
	亚洲市场					
	国际市场					
	小计					
P2	本地市场					
	区域市场					
	国内市场					
	亚洲市场					
	国际市场					
	小计					

产品	市场	第一年	第二年	第三年	第四年	第五年
P3	本地市场					
	区域市场					
	国内市场					
	亚洲市场					
	国际市场					
小计						
P4	本地市场					
	区域市场					
	国内市场					
	亚洲市场					
	国际市场					
小计						

（五）根据销售数量预测分布表制定首年的销售战略

销售战略表如表 1-9 所示。

表 1-9　销售战略　　　　　　　　　　　单位：件

产品	第一年	第二年	第三年	第四年	第五年
P1					
P2					
P3					
P4					

二、调整销售战略

企业每年运营结束后，分析战略差异的大小及差异引起的原因，若是因为战略制定不合理，可在下一年的年初进行战略调整。

（一）后期调整需要考虑的因素

1. 生产产能

产能限制了产品销售的最大量，在调整战略时，每年的销量最好在 0~320 件，若当年销量大于 320 件，那么需要确保调整时期产品的总销量小于等于产品的期初库存与最大产能之和。

2. 产品库存

若当产品的年度实际销量远远低于年度预算销量，此时产品库存积压过大，可通过调整未来销量来消耗积压的库存。

3. 研发周期

研发周期通过影响产品的生产时间来影响产品当年的销量。比如，P2 的研发周期是 6 个季度，从第一年第一季度开始研发 P2，在第二年第二季度 P2 研发完成，投入全自动线或柔性线进行生产，那么 P2 在第三季度和第四季度才下线入库，此时生产 P2 的生产线种类和数量的安排将会影响 P2 在第二年的销量。

（二）根据考虑的因素调整销售战略

销售战略见表 1-10。

表 1-10 销售战略　　　　　　　　　　　单位：件

产品	第一年	第二年	第三年	第四年	第五年
P1					
P2					
P3					
P4					

任务操作

一、操作流程

销售战略流程见图 1-9。

单击"销售战略" → 查看任务规则 → 填写任务表格 → 单击"结束任务"

图 1-9　销售战略流程

二、具体操作

在选择的产品里填写长达 5 年的销售战略，填写的年限没有要求，最少填写 1 年的销售战略，最多填写 5 年的销售战略，若填写多个年份的销售战略，也可在次年年初修改以后年份的销售。如图 1-10 所示。

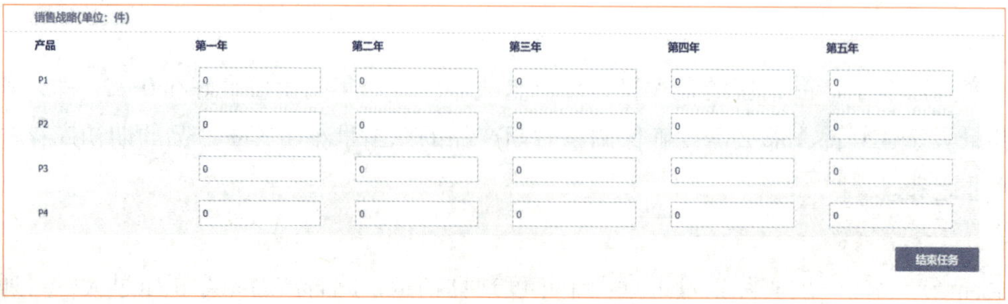

图 1-10　销售战略

任务思考

1. 制定销售战略时重点考虑的因素有哪些？

2. 每年销售战略制定或调整时，变化最大、影响最大的因素是哪个？

任务二　生产战略

任务目标

● 能够根据销售战略，制定生产战略。

● 能够根据生产战略制定生产计划，进行排产。

任务背景

企业经营发展的两大重要环节：一是销售，二是生产。那么如何在企业销量已定的情况下根据企业的内部状况安排合理的产能以及制订详细的生产计划，将是摆在企业面前的一大难题。

以下为制定生产战略所需的背景资料。

一、生产线基本信息

生产线基本信息表见表 1-11。

表 1-11　生产线基本信息表

生产线	生产周期	周期产量/件	购买价格/万元	维修费用/万元	转产费用/万元	变卖价格/万元	拆迁价格/万元
手工线	3 季度	10	25	5	0	5	1
半自动线	2 季度	10	40	5	5	10	1
全自动线	1 季度	10	80	5	10	20	1
柔性线	1 季度	10	120	5	0	30	1

二、现有厂房信息

厂房信息见图 1-11。

三、现有期初原材料库存、完工产品库存情况

库存信息见图 1-12。

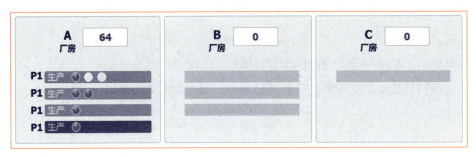

图 1-11　厂房信息

图 1-12　库存信息

任务分析

一、制定生产战略

在企业经营中，以销定产是企业经营的一项重要原则。首先企业需要根据销售量和期初库存的数量确定后续 5 年的总生产量；其次把总生产量详细到年和季度的生产量；然后每年根据生产线的生产周期和周期产量安排合适的生产线；最后根据安排的生产线确定每年每季度生产线生产的产品，安排详细的生产计划。以下是制定生产战略任务的具体分析步骤。

（1）根据销售数量和期初存货确定 5 年总生产数量（见表 1-12）。

表 1-12　企业 5 年产品生产预测表　　　　　　　　单位：件

P 系列产品	数量
计划销售数量	
减：期初库存	
应生产数量	

（2）根据产品生产总量确定产品每年生产的数量（见表 1-13），第一年数量不大于 230 件（不考虑紧急采购的情况），以后每年数量不大于 320 件。

表1-13　企业年度产品生产预测表　　　　　单位：件

P系列产品	第一年	第二年	第三年	第四年	第五年
数量					

（3）根据企业年度产品生产预测表和企业 P1、P2、P3 和 P4 每年计划销售数量确定 P1、P2、P3 和 P4 每年生产数量（见表1-14）。

表1-14　企业生产战略　　　　　单位：件

产品	第一年	第二年	第三年	第四年	第五年
P1					
P2					
P3					
P4					

（4）根据年度各类产品的生产数量计划每个季度各类产品的生产数量（见表1-15）。

表1-15　企业季度生产预算表　　　　　单位：件

产品	第一年				第二年				第三年				第四年				第五年			
	1	2	3	4	1	2	3	4	1	2	3	4	1	2	3	4	1	2	3	4
P1																				
P2																				
P3																				
P4																				

（5）根据季度各类产品生产数量和表1-11生产线基本信息表安排车间生产线和生产线每年每季度应该生产的产品（见表1-16、表1-17）。

表1-16　季度车间生产线计划安排表

厂房	车间	第一季度	第二季度	第三季度	第四季度
A	第一车间	例：手工线			
	第二车间				
	第三车间				
	第四车间				

厂房	车间	第一季度	第二季度	第三季度	第四季度
B	第一车间				
	第二车间				
	第三车间				
C	第一车间				

表1-17 季度车间产品生产计划表

厂房	车间	第一季度	第二季度	第三季度	第四季度
A	第一车间	例：P1			
	第二车间				
	第三车间				
	第四车间				
B	第一车间				
	第二车间				
	第三车间				
C	第一车间				

二、调整生产战略

企业每年运营结束后，分析战略差异的大小及差异引起的原因，若是因为战略制定不合理，可在下一年的年初进行战略调整。

（一）后期调整需要考虑的因素

1. 生产产能

产能限制了产品年度生产的数量，在调整战略时，每年的最大生产量是320件。

2. 期初库存和预计销售状况

调整生产战略时，需要考虑产品的期初库存和销售状况，最低的产品生产数量＝产品的销售量－产品期初库存。

（二）根据考虑的因素调整生产战略

生产战略如表1-18所示。

表 1-18 生 产 战 略　　单位：件

产品	第一年	第二年	第三年	第四年	第五年
P1					
P2					
P3					
P4					

任务操作

一、操作流程

生产战略流程如图 1-13 所示。

单击“生产战略”
查看任务规则
填写任务表格
单击“结束任务”

图 1-13 生产战略流程

二、具体操作

在选择的产品里填写长达 5 年的生产战略，填写的年限没有要求，最少填写 1 年的生产战略，最多填写 5 年的生产战略，即便填写多个年份的生产战略，也可在次年年初修改以后年份的生产战略，如图 1-14 所示。

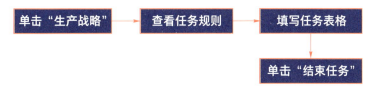

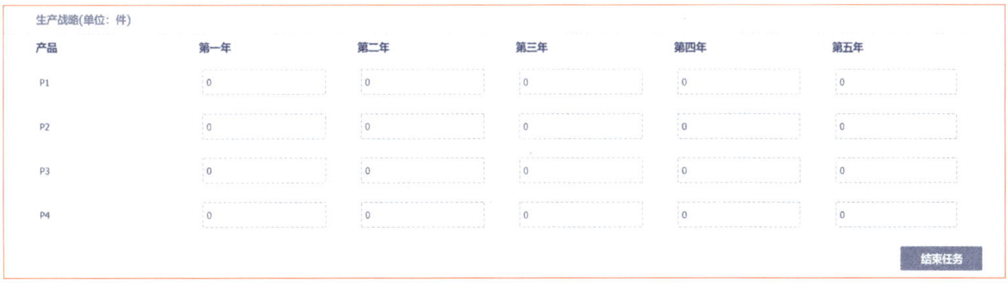
生产战略(单位：件)

产品	第一年	第二年	第三年	第四年	第五年
P1	0	0	0	0	0
P2	0	0	0	0	0
P3	0	0	0	0	0
P4	0	0	0	0	0

结束任务

图 1-14 生产战略

任务思考

1. 影响生产战略的因素有哪些？
2. 每年生产战略制定或调整时，变化最大、影响最大的因素是哪个？
3. 生产战略的制定对企业运营起着什么作用？
4. 在选择生产线时除了考虑生产周期和产量外，还需要考虑哪些因素？转产费用、人工费用对生产线的选择有无影响？

任务三　财务维度

任务目标

- 能够根据市场信息和相关规则，预测年度企业经营的利润、成本。
- 能够根据预测的利润成本等数据，计算财务维度的各个目标值。

任务背景

只有长期的战略并不足以支撑企业年度运营，企业需要根据长期战略和企业运营的标准常态制定出每年年度运营的详细规划，通过一年又一年目标计划的积累达成最终目标。计划需要详细到每个部门、每个岗位甚至每个员工，这样才能保证所有员工齐心协力共同为企业经营和企业目标努力。而财务维度目标是通过资本、利润、成本和资产结构方面来控制企业年度经营的具体方向的，甲企业需要预测财务维度目标的年度值。

任务分析

实训中财务维度的目标包含销售收入、成本控制总额、营业利润、税前利润和净资产收益率，通过销售战略和生产战略制定时的未来规划，预测其销售收入、成本以及未来一年的利润，最终预测所有者权益和净利润，并根据预测的结果计算净资产收益率。

一、预测销售收入目标

销售收入与下年的销售战略规划相关，根据销售战略规划预测销售收入，销售收入预测表见表1-19。

表1-19　销售收入预测表

产品	销售量	销售价格	销售收入
P1			
P2			
P3			
P4			
合计			

二、预测成本控制总额目标

（1）根据产品的标准构成和市场标准价格预测填写产品的直接材料单位成本，产品 BOM 清单见图 1-15，材料信息表见表 1-20，产品直接材料单位成本预测见表 1-21。

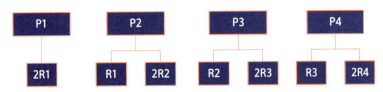

图 1-15　产品 BOM 清单

表 1-20　材料信息表

材料名称	标准价格 /（万元 / 个）	加急采购价格 /（万元 / 个）	变卖价格 /（万元 / 个）	到货周期 / 季度	市场波动
R1	5	10	3	1	−20%~50%
R2	6	12	3	1	−20%~50%
R3	7	14	4	2	−20%~50%
R4	8	16	4	2	−20%~50%

表 1-21　产品直接材料单位成本预测　　　　　　金额单位：万元

产品	单位标准耗量	单位标准价格	单位产品材料成本
P1	2 个 R1	5	10
P2	1 个 R1	5	17
	2 个 R2	6	
P3	1 个 R2	6	20
	2 个 R3	7	
P4	1 个 R3	7	23
	2 个 R4	8	

（2）根据人工费用相关规则信息和生产计划安排简单预测产品的单位直接人工成本，生产线直接人工费用见表 1-22，产品单位人工费用见表 1-23。

表 1-22　生产线直接人工费用　　　　　　单位：万元

产品	手工线	半自动线	全自动线	柔性线
P1	5	4	2	2
P2	10	8	4	4
P3	15	10	5	5
P4	20	15	7	7

表1-23 产品单位人工费用　　　　　　　　　　　　　　　　单位：万元

产品	手工线	半自动线	全自动线	柔性线
P1	0.5	0.4	0.2	0.2
P2	1	0.8	0.4	0.4
P3	15	1	0.5	0.5
P4	2	1.5	0.7	0.7

注：直接人工费用按照数量和生产线计算不同产品的单位直接人工成本。

　　一般来说，在实训中，后期的生产线以全自动线和柔性线为主，故产品的单位直接人工成本可直接预测为全自动线和柔性线下产品的单位人工费用。

　　（3）根据制造费用相关规则信息预测产品的制造费用，厂房／生产线费用明细表见表1-24。

表1-24 厂房／生产线费用明细表　　　　　　　　　　　　单位：万元／年

厂房／生产线	维修费	水电费	车间管理人员工资	折旧
A厂房	10	30	50	折旧率均为33%，折旧额=厂房净值（生产线价值）×折旧率（四舍五入后取整）
B厂房	8	20	30	
C厂房	6	10	20	
手工线	5			
半自动线	5			
全自动线	5			
柔性线	5			

　　维修费和水电费为变动制造费用；车间管理人员工资和折旧为固定制造费用。当年新增的厂房和生产线当年不计提折旧、不考虑维修费；变动制造费用按照预计工时在不同产品之间进行分摊。产品变动制造费用单位成本预测见表1-25。

表1-25 产品变动制造费用单位成本预测

产品	生产工时／季度	变动制造费用／万元	生产数量／件	单位变动制造费用／万元
P1	8	31	80	0.4
P2	8	31	80	0.4
P3	8	31	80	0.4
P4	8	31	80	0.4

若按照最大的变动制造费用 124 万元，最大的生产产能 320 件，最大的生产工时 32 个工时，并且最大产能平均分配在各类产品上，每类产品每年的产能为 80 件，每类产品每年的生产工时为 8 个工时，以此来计算单位变动制造费用，单位变动制造费用 =124（万元）÷32×8÷80 ≈ 0.4（万元），根据直接材料、直接人工和制造费用预测各类产品的单位成本，产品单位成本预测表见表 1-26。

表 1-26　产品单位成本预测表　　单位：万元

产品	直接材料单位成本	直接人工单位成本	变动制造费用单位成本	单位成本
P1	10	0.2	0.4	10.6
P2	17	0.4	0.4	17.8
P3	20	0.5	0.4	20.9
P4	23	0.7	0.4	24.1

（4）根据预测的各类产品单位成本和生产数量计算成本控制总额，如表 1-27 所示。

表 1-27　成本控制总额计算表

产品	生产数量 / 件	单位成本 / 万元	总成本 / 万元
P1		10.6	
P2		17.8	
P3		20.9	
P4		24.1	
合计			

三、预测营业利润目标和税前利润目标

（一）根据年度规划简单预测成本费用

预测费用时可以选择在很大程度上会影响利润的费用进行预测，一些较小的成本费用可以选择不预测，成本费用预测表见表 1-28。

表 1-28　成本费用预测表

项目	方法
销售成本	根据预测的单位成本和销售量进行计算
广告费	根据广告规则进行广告费用的预测
市场开拓费	根据需求进行市场开拓，按照开拓规则预测市场开拓费
产品研发费	根据需求进行产品研发，按照研发规则预测研发费
ISO 认证费	根据需求进行 ISO 认证，按照认证规则预测 ISO 认证费
维修费	根据现有的厂房车间按照厂房车间规则填写
水电费	根据现有的厂房按照厂房规则填写
车间管理人员工资	根据现有的厂房按照厂房规则填写

（二）根据销售收入和预测的成本费用预测营业利润

计算公式：

营业利润 = 销售收入 - 成本费用

（三）根据营业利润和营业外收支确定税前利润

营业外收支的项目包括资产的变卖和销售订单不能及时交货所支付的违约金，一般预测时默认订单及时交货，半自动线和手工线变卖资产得到的净收入很小，故不考虑在内，而其他产品和材料的变卖默认不发生，故可忽略不计，即营业利润与税前利润相等。

四、预测净资产收益率目标

净资产收益率公式为（为方便计算，平均净资产取年末数）：

净资产收益率 = 本年预计净利润 ÷ 本年平均净资产 ×100%

其中，净资产 = 上年所有者权益 + 本年预测净利润；净利润可通过企业预测的税前利润确定，净利润 = 税前利润 ×（1- 所得税税率），所得税税率为 25%。

任务操作

一、操作流程

财务维度流程见图 1-16。

图 1-16　财务维度流程

二、具体操作

在填写任务表格中的所有数字时，系统均自动保留两位小数，填写指标带有"%"的数值时，填写的数值为去掉"%"的数值，如56%填写为56.00。财务维度界面见图1-17。

图1-17 财务维度

任务思考

1. 思考财务维度各类指标代表的意义，主要控制企业的哪些方面？

2. 除任务中的财务维度指标外，财务维度还有哪些指标？分别代表的意义是什么？

3. 与经营预测相关的方法有哪些？

任务四　客户维度

任务目标

● 能够根据长期战略和管理会计的方法，预测客户维度的各个目标值。

任务背景

消费者市场正在取代生产者市场，财务维度的指标不能完全反映客户需求，在客户视角下，市场份额、客户满意度、客户保持率和客户盈利能力都体现了客户自身对企业的价值，反映了客户创造利润的能力。在实训中，通过制定市场占有率、新市场销售量、新品销售量和毛利率等指标，从客户维度反映企业业绩。

任务分析

实训中，客户维度的目标包含市场占有率、新市场销售量、新品销售量、毛利率、

ISO认证费和广告费。通过市场和长期战略确定每年的市场占有率、新市场销售量和新品销售量；通过财务维度中成本预测数据确定企业毛利率；通过市场开拓的信息确定每年的市场开拓费；通过营业利润和毛利率确定固定经营费用，从而确定广告费。因为广告费属于酌量性固定费用，且对销售的影响非常大，故应在尽可能的条件下多投放广告费。

一、预测市场占有率目标

（1）根据市场分析中产品数量预测图计算产品在所有市场每年的最大需求量，如表1-29所示。

表1-29 产品市场需求量 单位：件

产品	第一年	第二年	第三年	第四年	第五年
P1	53	80	118	151	190
P2		80	119	194	182
P3		27	82	110	113
P4				27	108
合计（数量）	53	187	319	482	593

（2）根据制定的销售战略确定产品每年的预测销售量，填写表1-30。

表1-30 产品销售预测 单位：件

产品	第一年	第二年	第三年	第四年	第五年
P1					
P2					
P3					
P4					
合计（数量）					

（3）根据公式"市场占有率＝年度销售预测量÷年度市场总需求量"计算得出预测市场占有率。

二、预测新市场销售量目标和新品销售量目标

根据制定战略时分析的销售数量预测分布表1-8可确定每年各个市场的销售量和产品销售量。每年通过各个市场预计销售数量以及表1-31中市场销售时间是否为企业首

年销售来计算新市场的销售量；每年通过各类产品预计销售数量以及表 1-32 中产品销售时间是否为企业首年销售来计算新产品的销售量。

表 1-31　新市场销售量　　　　　　　　　　　单位：件

市场	第一年	第二年	第三年	第四年	第五年
本地市场	可销售	可销售	可销售	可销售	可销售
区域市场		可销售	可销售	可销售	可销售
国内市场			可销售	可销售	可销售
亚洲市场				可销售	可销售
国际市场					可销售

注："新市场销售量"为每年新增加的市场上所有产品预测销售数量，其中"可销售"为市场可销售产品的年份，每个市场的第一个"可销售"表格对应的年份为这个市场最早可开始进行销售的时间。

表 1-32　新品销售量　　　　　　　　　　　单位：件

产品	第一年	第二年	第三年	第四年	第五年
P1	可销售	可销售	可销售	可销售	可销售
P2		可销售	可销售	可销售	可销售
P3		可销售	可销售	可销售	可销售
P4				可销售	可销售

注："新品销售量"为本年新增加的产品在所有市场的预测销售数量，其中"可销售"为产品可销售的年份，每类产品的第一个"可销售"表格对应的年份为这类产品最早可开始进行销售的时间。

三、预测企业毛利率目标值

根据财务维度中销售收入预测数据和成本预测数据确定企业毛利率，具体计算如表 1-33 所示。

表 1-33　毛利率计算表

项目	计算数据
销售收入 / 万元	财务维度中的目标值
销售成本 / 万元	销售成本 = 销售数量 × 单位成本
毛利率	毛利率 =（销售收入 − 销售成本）÷ 销售收入 ×100%

四、预测 ISO 认证费用

ISO 9000、ISO 14000 认证完成后，可以参与带有 ISO 9000 或 ISO 14000 认证要求的订单选择。为了多获取订单达到自己的销售目标，企业一般都会进行 ISO 认证，如果销售目标过低，寻常订单也能满足销售战略，那么就没有必要进行 ISO 认证。

企业可以根据 ISO 认证信息表（表 1-34）填写 ISO 认证表（表 1-35），最终确定每年的 ISO 认证费用。

表 1-34　ISO 认证信息表

认证	认证周期	认证费用
ISO 9000	2 年	50 万元 / 年
ISO 14000	4 年	50 万元 / 年

表 1-35　ISO 认证表　　　　　　　　　　　　单位：万元

认证	是否认证	认证费用
ISO 9000	□是　□否	
ISO 14000	□是　□否	
合计		

五、预测广告费

广告费按照产品和市场进行投放，每类产品在不同市场中的广告费投放额和在当前市场中的产品销售订单收入有关，每一笔销售订单都有对应的广告影响力（广告影响力为获取每笔销售订单所支付的最低广告费），广告费在销售订单收入的 2%~15% 之间，投入的广告费越多，销售订单被获取的概率就越大。因此，在预测广告费时，需要了解销售订单的分配规则，找出不同产品在不同市场中可能产生的最大销售订单，通过计算最大销售订单收入和最高的广告费比率，确定不同产品在不同市场中的广告费，最终累计相加所有产品在不同市场中的广告费，得到广告费总和。

（一）了解订单分配规则

订单按照产品数量的多少划分为一等订单、二等订单和三等订单，一等、二等、三等订单的数量比例为 1∶3∶2，一等、二等、三等订单的市场需求量比重为 2∶3∶1。即一等订单数量占订单总数量的 1/6，但一等订单的产品数量占市场需求量的 1/3；二等订单数量占订单总数量的 1/2，但二等订单的产品数量占市场需求量的 1/2；三等订单数量占订单总数量的 1/3，但三等订单的产品数量占市场需求量的 1/6。

订单实际分配时是系统随机分配的，在遵循上述分配规则的同时，有一些随机性和不确定性，故在预测最大订单时，一般按照等订单有且只有一个，故最优订单的产品数量至少为当前市场下产品数量的 1/3。

（二）确定各类产品在不同市场下的最大销售订单

根据订单分配规则和战略规划确定每类产品在各个市场上最大销售订单中的产品数量、最大销售订单的产品单价和最大销售订单的产品销售收入，填写表 1-36。

表 1-36 最大销售订单预测表

市场	项目	产品			
		P1	P2	P3	P4
本地市场	最大订单产品数量 / 件				
	订单单价 / 万元				
	最大订单收入 / 万元				
区域市场	最大订单产品数量 / 件				
	订单单价 / 万元				
	最大订单收入 / 万元				
国内市场	最大订单产品数量 / 件				
	订单单价 / 万元				
	最大订单收入 / 万元				
亚洲市场	最大订单产品数量 / 件				
	订单单价 / 万元				
	最大订单收入 / 万元				
国际市场	最大订单产品数量 / 件				
	订单单价 / 万元				
	最大订单收入 / 万元				

（三）确定广告费比率

广告费占销售订单收入的 2%~15%，一般情况下，在现金充足并确保目标利润的情况下，尽可能选择 10% 及以上的广告费比率。

（四）确定广告费

根据最大销售订单的收入和广告费比率确定不同产品在不同市场中的广告费，累计相加各类产品在各类市场中的广告费得出最终的广告费合计数，填写表 1-37。

表 1-37 广告费预测表

市场	项目	产品			
		P1	P2	P3	P4
本地市场	最大订单收入 / 万元				
	广告费占比 /%				
	广告费 / 万元				
区域市场	最大订单收入 / 万元				
	广告费占比 /%				
	广告费 / 万元				
国内市场	最大订单收入 / 万元				
	广告费占比 /%				
	广告费 / 万元				
亚洲市场	最大订单收入 / 万元				
	广告费占比 /%				
	广告费 / 万元				
国际市场	最大订单收入 / 万元				
	广告费占比 /%				
	广告费 / 万元				
广告费合计 / 万元					

任务操作

一、操作流程

客户维度流程见图 1-18。

图 1-18 客户维度流程

二、具体操作

在填写任务表格中的所有数字时，系统均自动保留两位小数，填写指标带有"%"的数值时，填写的数值为去掉"%"的数值，如 56% 填写为 56.00。客户维度界面见图 1-19。

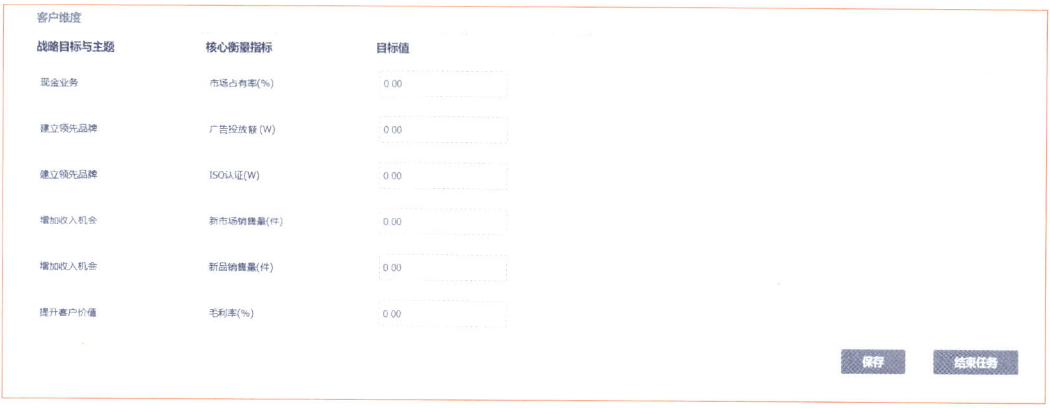

图1-19 客户维度

任务思考

1. 思考客户维度各类指标代表的意义，主要控制企业的哪些方面？

2. 除任务中的客户维度指标外，客户维度还有哪些指标？分别代表的意义是什么？

任务五 内部流程维度

任务目标

● 能够根据销售数量和生产数量确定订单及时率。

● 能够根据成本相关信息确定制造成本降低率。

任务背景

企业业绩考核指标除了财务维度和客户维度，还包含内部流程维度。财务维度体现企业创造的价值，而创造价值的前提是创造客户价值、满足客户需求，但如何满足客户需求呢？这就需要根据客户需求设计最优秀的内部业务流程，如运营流程、客户管理流程、创新流程和行政管理流程等，在指标上体现为及时供货率和制造成本降低率等。在本任务中，企业需要制定内部流程维度年度指标，确保企业的高效运营。

任务分析

实训中，内部流程维度包含及时供货率和制造成本降低率。因为产量根据销量制定，目的是保证产销平衡、规避风险、确保所有的订单在交货期内及时交货，故及时供货率为100%；根据影响产品成本变动的因素（比如材料价格等）计算产品可达到的最低单位成本；通过最低成本和前期预测的产品生产成本计算制造成本降低率，但是对甲企业来说，制造成本不会有太大的浮动，故制造成本的降低率一般定为 5%~10% 之间。

一、操作流程

内部流程维度流程见图 1-20。

图 1-20　内部流程维度流程

二、具体操作

在填写任务表格中的所有数字时，系统均自动保留两位小数，填写指标带有"%"的数值时，填写的数值为去掉"%"的数值，如 56% 填写为 56.00，内部流程维度界面见图 1-21。

图 1-21　内部流程维度界面

任务思考

1. 思考内部流程维度各类指标代表的意义，其主要控制企业的哪些方面？

2. 除任务中内部流程维度指标外，内部流程维度还有哪些指标？分别代表的意义是什么？

必备知识技能导图

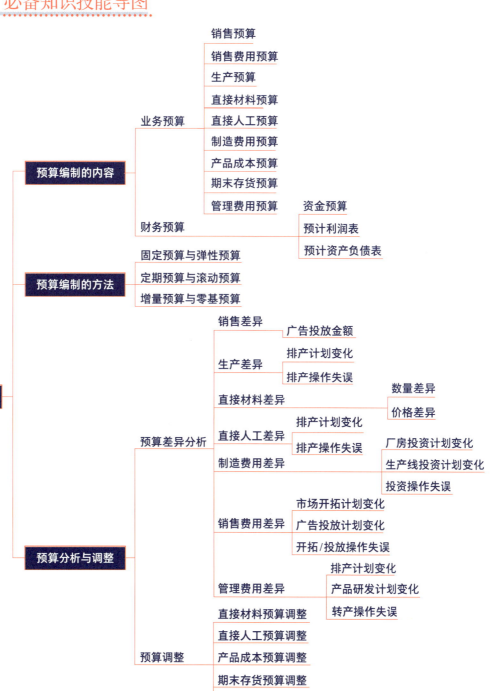

任务一　销售预算

任务目标

● 能够根据销售战略和市场信息编制销售预算。

任务背景

销售预算一般是企业生产经营全面预算的编制起点，生产、材料采购、存货费用等方面的预算，都要以销售预算为基础。销售预算以销售预测为基础，结合市场预测中各类产品市场前景等资料，先按产品、地区和其他项目分别加以编制，然后加以归并汇总。在每年年初，企业需要编制本年度的销售预算，以下为编制销售预算时所用到的背景资料，如表2-1所示。

表2-1　产品标准价格　　　　　　　　　　单位：万元

产品	市场	第一年	第二年	第三年	第四年	第五年
P1	本地市场	25.00	24.80	24.50	24.30	24.00
	区域市场		25.00	24.90	24.80	24.70
	国内市场			25.00	24.70	24.40
	亚洲市场				24.00	23.90
	国际市场					26.00
P2	本地市场		36.00	37.20	36.40	33.20
	区域市场		37.00	37.30	35.70	32.30
	国内市场			38.00	37.20	36.40
	亚洲市场				37.00	36.40
	国际市场				37.00	36.50
P3	本地市场		48.00	48.30	48.60	48.90
	区域市场			48.00	48.30	48.60
	国内市场			48.00	48.40	48.80
	亚洲市场				49.00	49.20
	国际市场					
P4	本地市场					59.00
	区域市场				58.00	58.40
	国内市场					58.00
	亚洲市场					60.00
	国际市场					

任务分析

实训中销售预算包含销售量、单位售价和销售收入，销售预算的编制与销售战略和当年的市场价格有关，以下步骤为销售量和销售预算的确定方法。

一、确定销售量

销售量为销售战略当年产品的预计销售量。

二、确定销售价格

视频：产品定价决策

销售价格可根据表2-1产品标准价格取值，取值范围可为当年产品价格最低值和最高值之间任意的数值，如表2-2所示。

表2-2 价格取值范围　　　　　　　　　　　　　单位：万元

产品	第一年	第二年	第三年	第四年	第五年
P1	25	24.8~25	24.5~25	24~24.8	23.9~26
P2		36~37	37.2~38	35.7~37.2	32.3~36.5
P3		48	48~48.3	48.3~49	48.6~49.2
P4				58	58~60

销售价格也可根据表1-1市场预测数据计算的平均价格进行取值。如表2-3所示。

表2-3 产品平均价格　　　　　　　　　　　　　单位：万元

产品	第一年	第二年	第三年	第四年	第五年
P1	25	24.9	24.8	24.4	24.7
P2		36.5	37.5	36.7	35.0
P3		48	48.1	48.6	48.9
P4				58	58.9

任务操作

一、操作流程

销售预算流程如图2-1所示。

图2-1 销售预算流程

二、具体操作

根据预测的结果填写销售预算，填写时四舍五入保留两位小数，填写完成后，单击"保存"按钮，可对数据进行保存，后期可修改；单击"结束任务"按钮，直接结束，后期不可修改数据。销售预算如图 2-2 所示。

图 2-2　销售预算[①]

任务思考

1. 如何利用历史数据进行销售预测？若用历史数据进行销售预测，对本实训有何优缺点？

2. 销售价格除了市场定价外，还有哪些定价方法？

任务二　销售费用预算

任务目标

● 能根据销售战略确定未来要开拓的市场，计算市场开拓费用。

● 能根据财务维度和客户维度确定本年度预计投放的广告费。

任务背景

销售费用预算，是指为了实现销售预算所需支付的费用预算。它以销售预算为基础，要分析销售收入、销售利润和销售费用的关系，力求实现销售费用的最有效使用。在每年年初，企业需要编制本年度的销售费用预算，以下为编制销售费用预算所用到的背景资料。

一、广告费用信息

广告的投放金额影响订单的选择，广告费用在销售订单收入的 2%~15% 之间，投入

---

① 本书截屏图中的单位以括号表示，其中"W"代表万元。

越多，可选择的订单就越多。

二、市场开拓信息

市场开拓信息表见表2-4。

表2-4 市场开拓信息表

市场	开拓周期	开拓费用
区域市场	1 年	100 万元 / 年
国内市场	2 年	100 万元 / 年
亚洲市场	3 年	100 万元 / 年
国际市场	4 年	100 万元 / 年

● 任务分析

在销售预算编制完成后，需要根据销售战略的规划和财务维度、客户维度的目标来编制销售费用预算，实训中销售费用预算包含广告费和市场开拓费用，以下为广告费和市场开拓费用具体分析方法。

一、确定广告费

销售费用预算中的广告费和客户维度中的广告费数值相同，预测方法一致。首先需要了解销售订单的分配规则，找出不同产品在不同市场中可能产生的最大销售订单；其次预测广告费比率，通过计算最大销售订单收入和最高的广告费比率得出各类产品在不同市场下的广告费；最后累计相加所有的产品在所有市场中的广告费，得到广告费总和。详细的预测方法可查询项目一战略管理中任务四客户维度的任务分析。

二、确定市场开拓费用

企业根据战略制定时规划好的销售市场和市场开拓信息表（表2-4），填写市场开拓清单（表2-5）。根据市场的开拓周期和费用信息确定市场开拓费。

表2-5 市场开拓清单

第一年	第二年	第三年	第四年	第五年
□区域市场 □国内市场 □亚洲市场 □国际市场	□区域市场 □国内市场 □亚洲市场 □国际市场	□区域市场 □国内市场 □亚洲市场 □国际市场	□区域市场 □国内市场 □亚洲市场 □国际市场	□区域市场 □国内市场 □亚洲市场 □国际市场

注：在每年选择的市场中打√，开拓完成后则可以投放广告竞单

市场开拓不能加速，开拓完毕即可进行产品销售。市场开拓费用在每年的年末支付。

任务操作

一、操作流程

销售费用预算流程见图2-3。

图2-3　销售费用预算流程

二、具体操作

根据预测的结果填写销售费用预算，填写时四舍五入保留两位小数，填写完成后，单击"保存"按钮，对数据进行保存，后期可修改；单击"结束任务"按钮，直接结束，后期不可修改数据。如图2-4所示。

图2-4　销售费用预算

任务思考

1. 如何运用本量利分析对广告费进行预测？
2. 如何运用本量利分析对市场开拓费用进行预测？

任务三　生产预算

任务目标

● 能根据生产战略、销售预算和企业当前内部状况编制生产预算。

任务背景

生产预算一般是根据销售预算编制的，计划为满足预算期的销售量以及期末存货所需的资源。计划期间除必须有足够的产品以供销售外，还必须考虑到计划期期初和期末存货的预计水平，以避免存货太多形成积压，或存货太少影响下期销售。在每年年初，企业需要编制生产预算，以下为编制生产预算所用到的背景资料。

生产线信息

生产线信息表见表 2-6。

表 2-6　生产线信息表

生产线	生产周期	周期产量
手工线	3 季度	10 件
半自动线	2 季度	10 件
全自动线	1 季度	10 件
柔性线	1 季度	10 件

任务分析

实训中，生产预算根据销售预算和生产战略进行编制，生产预算包含需要产品量、期初存货和生产量，生产预算中各个项目具体分析方法如下所示。

一、确定需要产品量

实训中，需要产品量为生产战略中产品的年度生产数量和期末数量的数值之和，期末产品量为零。

二、确定期初存货

期初存货为年初产品的库存量，可在经营状态页面查询产品的期初数量。

三、确定生产量

在实训中，生产量 = 需要产品量 - 期初存货。

任务操作

一、操作流程

生产预算流程见图 2-5。

图 2-5　生产预算流程

二、具体操作

根据预测的结果填写生产预算，填写时四舍五入保留两位小数，填写完成后，单击"保存"按钮，对数据进行保存，后期可修改；单击"结束任务"按钮，直接结束，后期不可修改数据。如图 2-6 所示。

图 2-6　生产预算

任务思考

1. 在企业中影响生产预算的主要因素有哪些？
2. 生产预算对哪些预算的编制有影响？

任务四　直接材料预算

任务目标

- 能根据企业内部数据确定每季度材料采购的价格。
- 能根据企业内部数据和生产预算确定每季度材料采购的数量。

任务背景

直接材料预算，是以生产预算为基础编制的，同时要考虑原材料存货水平。在每季度初，企业需要编制或调整直接材料预算，以下为编制直接材料预算所需的背景资料。

一、物料清单

产品 BOM 表见表 2-7。

表 2-7 产品 BOM 表   单位：件

产品	R1	R2	R3	R4
P1	2			
P2	1	2		
P3		1	2	
P4			1	2

二、材料采购信息

材料信息表见表 2-8。

表 2-8 材料信息表

材料名称	标准价格 /（万元 / 个）	加急采购价格 /（万元 / 个）	变卖价格 /（万元 / 个）	到货周期 / 季度	市场波动
R1	5	10	3	1	−20%~50%
R2	6	12	3	1	−20%~50%
R3	7	14	4	2	−20%~50%
R4	8	16	4	2	−20%~50%

三、材料付款信息

材料付款信息表见表 2-9。

表 2-9 材料付款信息表

材料采购数量 / 个	支付方式	账期 / 季度
≤ 50	现付（货到付款）	0
51~100	后付	1
101~150	后付	2
151~200	后付	3
≥ 201	后付	4

● 任务分析

一、编制直接材料预算

直接材料预算根据生产预算、产品 BOM 表和材料基本信息进行编制。首先，根据年生产预算确定产品每季度的生产量；其次，根据产品 BOM 表和材料的采购周期确定材料需要量；另外，根据每季度期初的库存数和材料需要量确定材料采购量，根据材料的标准价格和浮动价格确定材料的采购价格；最后根据采购价格和采购量确定材料采购金额。以下为直接材料预算中各个项目的具体分析方法。

（一）确定需要材料量

因为材料采购有到货周期，所以计算材料需要量和材料采购量时需要考虑材料的到货周期。

R1 和 R2 的到货周期为 1 个季度，故 R1 和 R2 材料需要量公式为：

R1 和 R2 材料需要量 = 本季度材料投产量 + 下一季度材料投产量 − 本季度材料到货量

其中：

R1 每季度的投产量 =P1 的投产量 ×2+P2 的投产量

R2 每季度的投产量 =P2 的投产量 ×2+P3 的投产量

R3 和 R4 的到货周期是 2 个季度，故 R3 和 R4 材料需要量公式为：

R3 和 R4 材料需要量 = 本季度材料投产量 + 下一个季度材料投产量 + 下两个季度材料投产量 − 本季度材料到货量 − 下一个季度材料到货量

其中：

R3 每季度的投产量 =P3 的投产量 ×2+P4 的投产量

R4 每季度的投产量 =P4 的投产量 ×2

产品的投产量不等于产品的生产量，产品的投产量等于产品当季准备投入生产的数量，产品的生产量等于产品的入库量。材料到货量可以从材料采购任务中查看。

［例 2-1］表 2-10 ～表 2-12 分别为产品入库量、产品投产量和材料投产量，其中生产线均为全自动线或柔性线。

表 2-10　产品入库量　　　　　　　　单位：件

产品	第一季度	第二季度	第三季度	第四季度	下年第一季度
P1	20	20			
P2	40	40	40	40	40
P3	20	20	40	40	40
P4					

表 2-11　产品投产量　　　　　　　　单位：件

产品	第一季度	第二季度	第三季度	第四季度
P1	20			
P2	40	40	40	40
P3	20	40	40	40
P4				

表 2-12 材料投产量　　　　　　　　　　　　　　　单位：个

材料	第一季度	第二季度	第三季度	第四季度
R1	80	40	40	40
R2	100	120	120	120
R3	40	80	80	80
R4				

（二）确定期初存料量

期初存料量等于上季度末（本季度初）材料的库存量，可从经营状态中进行实时查看。

（三）确定采购量

实训中，采购量＝需要材料量－期初存料量。

（四）确定材料单价

材料的标准价格如表 2-13 所示，因为市场中材料的单价上下浮动较大，为不可控风险，故材料的单价选择时可选择标准价格，或者选择在材料浮动范围内的价格。

表 2-13 材料信息表

材料名称	标准价格/（万元/个）	加急采购价格/（万元/个）	变卖价格/（万元/个）	到货周期/季度	市场波动
R1	5	10	3	1	−20%~50%
R2	6	12	3	1	−20%~50%
R3	7	14	4	2	−20%~50%
R4	8	16	4	2	−20%~50%

（五）确定采购金额

采购金额的计算公式为：

$$采购金额＝采购量×材料单价$$

二、调整直接材料预算

每年的第一季度根据生产预算和相关规则编制直接材料预算，第二季度、第三季度和第四季度可以根据已执行的实际数据，调整每季度的直接材料预算。具体调整事项参考编制直接材料预算的各类事项。

任务操作

一、操作流程

直接材料预算流程见图 2-7。

图 2-7　直接材料预算流程

二、具体操作

根据预测的结果填写直接材料预算，填写完成后，单击"保存"按钮，对数据进行保存，后期可修改；单击"结束任务"按钮，直接结束，后期不可修改数据。如图 2-8 所示。

图 2-8　直接材料预算

 任务思考

1. 在企业中影响直接材料预算的因素有哪些？
2. 在企业中，材料的供应商是如何选择的？

任务五　直接人工预算

任务目标

● 根据企业内部数据编制直接人工预算。

任务背景

直接人工预算是根据已知标准工资率、标准单位直接人工工时、其他直接费用计提标准及生产预算等资料，对一定预算期内人工工时的消耗和人工成本所做的经营预算。在每季度初，企业需要编制或调整直接人工预算，以下为编制直接人工预算所需的背景资料。生产线直接人工费用信息表见表 2-14。

表 2-14　生产线直接人工费用信息表　　单位：万元

产品	手工线	半自动线	全自动线	柔性线
P1	5	4	2	2
P2	10	8	4	4
P3	15	10	5	5
P4	20	15	7	7

任务分析

一、编制直接人工预算

每季度各类产品的直接人工费用和生产线相关，根据排产计划，确定每季度生产各类产品的生产线，结合人工费用信息，确定直接人工预算。人工费用在产品下线入库时支付现金。

以下用具体的案例来说明直接人工预算在实训中的应用。

［例 2-2］表 2-15 为排产计划，根据排产计划确定当年的直接人工预算（见表 2-16）。

表 2-15　排　产　计　划　　单位：件

产品	生产线	第一季度	第二季度	第三季度	第四季度
P1	手工线				
	半自动线				

产品	生产线	第一季度	第二季度	第三季度	第四季度
P1	全自动线	20	20		
	柔性线				
P2	手工线				
	半自动线				
	全自动线	40	40	40	40
	柔性线				
P3	手工线				
	半自动线				
	全自动线	10	10	30	30
	柔性线	10	10	10	10
P4	手工线				
	半自动线				
	全自动线				
	柔性线				

表2-16　直接人工预算　　　　　　　　　　　　单位：万元

产品	第一季度	第二季度	第三季度	第四季度
P1	4	4		
P2	16	16	16	16
P3	10	10	20	20
P4				

二、调整直接人工预算

每年的第一季度根据生产预算和相关规则编制直接人工预算，在第二季度、第三季度和第四季度可以根据已执行的实际数据，调整每季度的直接人工预算。具体调整事项参考编制直接人工预算的各类事项。

● 任务操作

一、操作流程

直接人工预算流程见图2-9。

图 2-9 直接人工预算流程

二、具体操作

根据预测的结果填写直接人工预算，填写时四舍五入保留两位小数，填写完成后，单击"保存"按钮，对数据进行保存，后期可修改；单击"结束任务"按钮，直接结束，后期不可修改数据。如图 2-10 所示。

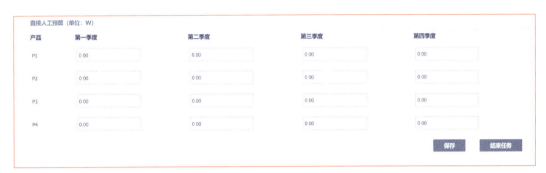

图 2-10 直接人工预算

任务思考

1. 在企业中影响直接人工预算的因素有哪些？
2. 在企业中直接人工预算对哪些预算有影响？如何影响？

任务六 制造费用预算

任务目标

● 根据企业生产计划和内部数据编制制造费用预算。

任务背景

制造费用预算反映除直接材料、直接人工以外的其他一切生产费用的预算。它分为变动制造费用和固定制造费用两大部分。在每年年初，企业需要编制本年度的制造费用预算，以下为编制制造费用预算所需的背景资料，如表 2-17 所示。

表2-17　厂房／生产线费用明细表　　　　　单位：万元／年

厂房／生产线	维修费	水电费	车间管理人员工资	折旧费
A厂房	10	30	50	
B厂房	8	20	30	
C厂房	6	10	20	折旧率均为33%，折旧额＝厂房或生产线净值×折旧率（四舍五入后取整）
手工线	5			
半自动线	5			
全自动线	5			
柔性线	5			

任务分析

制造费用预算可根据现有的厂房和生产线，结合表2-17厂房／生产线费用明细表计算维修费、水电费、车间管理人员工资和折旧费。计算制造费用时需要注意以下事项：

（1）维修费和水电费为变动制造费用，车间管理人员工资和折旧费为固定制造费用。

（2）车间管理人员工资、水电费、维修费统一在年末支付。

（3）当年新增的厂房和生产线当年不计提折旧、不考虑维修费。

（4）计算折旧时，厂房和生产线净值由"经营状态"盘面中获得。

（5）折旧费的计算方法：分别计算每一个厂房或者生产线的折旧并四舍五入取整后相加。

以下用具体的案例来说明制造费用预算在实训中的应用。

[例2-3] 表2-18为今年企业厂房／生产线的情况，且都是以前年份购买安置的，结合厂房／生产线费用明细表编制今年的制造费用预算，如表2-19所示。

表2-18　厂房／生产线现状

厂房／车间	厂房／生产线	净值／万元
A厂房	A厂房	29
B厂房	B厂房	240
C厂房	C厂房	120
A厂房第一车间	全自动线	54
A厂房第二车间	全自动线	54
A厂房第三车间	全自动线	7
A厂房第四车间	柔性线	11
B厂房第一车间	全自动线	80

厂房 / 车间	厂房 / 生产线	净值 / 万元
B 厂房第二车间	全自动线	80
B 厂房第三车间	全自动线	80
C 厂房第一车间	全自动线	80

表 2-19　制造费用预算　　　　　　　　　　单位：万元

厂房 / 车间	维修费	水电费	车间管理人员工资	折旧费
A 厂房	10	30	50	10
B 厂房	8	20	30	79
C 厂房	6	10	20	40
A 厂房第一车间	5			18
A 厂房第二车间	5			18
A 厂房第三车间	5			2
A 厂房第四车间	5			4
B 厂房第一车间	5			26
B 厂房第二车间	5			26
B 厂房第三车间	5			26
C 厂房第一车间	5			26
合计	64	60	100	275

任务操作

一、操作流程

制造费用预算流程见图 2-11。

单击"制造费用预算" → 查看任务规则 → 填写任务表格 → 单击"结束任务"

图 2-11　制造费用预算流程

二、具体操作

根据预测的结果填写制造费用预算，填写时四舍五入保留两位小数，填写完成后，单击"保存"按钮，对数据进行保存，后期可修改；单击"结束任务"按钮，直接结束，后期不可修改数据。如图2-12所示。

图 2-12　制造费用预算

任务思考

1. 如何区分变动制造费用和固定制造费用？

2. 在企业中，还有哪些费用是变动制造费用？

任务七　产品成本预算

任务目标

● 根据直接材料、直接人工和制造费用预算，以及企业内部数据编制产品成本预算。

任务背景

产品成本预算是指为规划一定预算期内每种产品的单位产品成本、生产成本、销售成本等内容而编制的一种日常业务预算。产品成本预算是生产预算、直接材料预算、直接人工预算、制造费用预算的汇总，即产品成本预算主要依据生产预算、直接材料预算、直接人工预算、制造费用预算等汇总编制。

任务分析

一、编制产品成本预算

产品成本预算根据生产预算、直接材料预算、直接人工预算和制造费用预算，采用变动成本法进行编制。实训中，产品成本预算以年为单位进行编制，包含预算工时、产成品生产成本、在制品生产成本、期末成本和销售成本，各个项目具体的计算分析方法如下所示。

（一）确定预算工时消耗量

预算工时消耗（季）指的是要完成本年生产量（完工产品）需要消耗的工时。

预算工时消耗（季）= ∑ 某生产线完工次数 × 某生产线生产周期（季度）

各生产线的完工次数等于生产线所生产的产品下线入库的次数。

（二）确定产成品生产成本

生产产品的成本与材料、人工和变动制造费用相关，在预算中，领用材料的单位成本采用期末一次加权平均法进行计算。产成品生产成本相关计算公式如下：

本年产成品生产成本 = 本年产成品所需的直接材料金额 + 直接人工金额 + 变动制造费用金额

本年产成品所需的直接材料 = 年初在制品的成本 + 本年产成品领用的直接材料 − 期末在制品的成本（原材料单位成本按照期末一次加权平均法计算）

产成品直接人工 = 本产品"直接人工预算"中人工费用合计数

产成品制造费用 = "制造费用预算"中变动制造费用合计数 ÷ 所有产品总工时 × 某产品工时

（三）确定在制品生产成本

在实训中，在制品的成本按照所用材料的成本直接计算，因为人工费用是在产品下线入库时支付，制造费用是年度支付，故在制品的成本为方便计算按照材料成本直接计算，其计算公式如下：

在制品生产成本 = 在制品的数量 × BOM 单上材料的单耗 × 单位材料成本

单位材料领用成本 =（期初材料成本 + 本年采购到货材料成本）÷（期初材料数量 + 本年采购到货材料数量）

（四）确定产成品期末成本

在实训中，期末产成品单位成本采用期末一次加权平均法计算，产成品期末成本的计算公式如下：

产成品期末余额 = 期末产成品库存量 × 期末产成品单位成本

期末产成品的单位成本 =（期初产成品成本 + 本年产成品生产成本）÷（期初产成品数量 + 本年产品预计生产量）

（五）确定销售成本

在实训中，产成品销售成本采用倒挤方法计算，产成品销售成本的计算公式如下：

销售成本 = 年度产成品生产成本 + 期初产品成本 − 期末库存成本

二、调整产品成本预算

每年的第一季度根据生产预算、直接材料预算、直接人工预算和制造费用预算编制产品成本预算，在第二季度、第三季度和第四季度可以根据部分已执行的实际数据和调整的直接材料预算、直接人工预算等预算数据，调整本年度的产品成本预算。具体调整事项参考编制产品成本预算的各类事项。

 任务操作

一、操作流程

产品成本预算流程见图 2-13。

图 2-13　产品成本预算流程

二、具体操作

根据预测的结果填写产品成本预算，填写时四舍五入保留两位小数，填写完成后，单击"保存"按钮，对数据进行保存，后期可修改；单击"结束任务"按钮，直接结束，后期不可修改数据。产品成本预算界面见图 2-14。

图 2-14　产品成本预算

任务思考

产品成本预算编制时，采用的预算方法和计算方法有哪些？具体如何进行选择？

任务八 期末存货预算

任务目标

● 根据产品成本预算和直接材料预算编制期末存货预算。

任务背景

期末存货预算是指为规划一定预算期末的在产品、产成品和原材料预计成本水平而编制的一种日常业务预算。编制期末存货预算是为了综合反映计划期内生产单位产品预计的成本水平，同时也为正确计量预计利润表中的产品销售成本和预计资产负债表中的期末材料存货和期末产成品存货项目提供数据。实训环境下，在每年年初，企业需要编制本年度的期末存货预算，在第二季度、第三季度和第四季度，企业可根据实际数据和调整的产品成本预算等数据调整年度期末存货预算。

任务分析

一、编制期末存货预算

期末存货预算根据销售预算、生产预算、直接材料预算和产品成本预算进行编制，首先根据本年的直接材料预算、生产计划和期初材料库存确定材料的期末数量和成本；其次根据本年的销售预算、生产预算、产品成本预算和期初产品库存确定产品的期末数量和成本；最后根据生产计划和产品成本预算确定本年度在制品的期末数量和成本。期末存货预算中各个项目的具体分析方法如下所示。

（一）确定期末材料库存

期末材料须计算填写材料的期末数量、期末单价和期末成本，其计算公式如下：

期末材料数量＝期初材料数量＋本年采购到货材料数量－本年领用材料数量

期末材料成本＝期初材料成本＋本年采购到货材料成本－领用材料数量×领用材料单位成本

领用材料单位成本＝（期初材料成本＋本年采购到货材料成本）÷（期初材料数量＋本年采购到货材料数量）

期末材料成本＝期末材料成本÷期末材料数量

（二）确定期末在制品库存

期末在制品须计算填写在制品的期末数量、期末单价和期末成本，其计算公式如下：

在制品期末数量＝期末生产线处于生产状态下产品的数量＝期末未下线入库产品的数量

在制品生产成本＝在制品的数量×BOM单上材料的单耗×单位材料领用成本

单位材料领用成本＝（期初材料成本＋本年采购到货材料成本）÷（期初材料数量＋本年采购到货材料数量）

（三）确定期末产成品库存

期末产成品须计算填写产成品的期末数量、期末单价和期末成本，其计算公式如下：

期末产成品数量＝期初产成品数量＋本年生产产成品数量－本年销售产成品数量

产成品期末余额

＝期末产成品库存量×期末产成品单位成本

期末产成品的单位成本＝（期初产成品成本＋本年产成品生产成本）÷（期初产成品数量＋本年产成品预计生产量）

二、调整期末存货预算

每年的第一季度根据销售预算、生产预算、直接材料预算和产品成本预算编制期末存货预算，在第二季度、第三季度和第四季度可以根据部分已执行的实际数据和调整的预算数据，调整本年度的期末存货预算。具体调整事项参考编制期末存货预算的各类事项。

任务操作

一、操作流程

期末存货预算流程见图2-15。

图2-15　期末存货预算流程

二、具体操作

根据预测的结果填写期末存货预算，填写时期末数量四舍五入保留整数，单位成本和期末成本四舍五入保留两位小数，填写完成后，单击"保存"按钮，对数据进行保存，后期可修改；单击"结束任务"按钮，直接结束，后期不可修改数据。期末存货预算界面见图 2-16。

图 2-16　期末存货预算

任务思考

1. 在企业中影响期末存货预算的因素有哪些？
2. 期末存货预算对企业经营管理有何影响？举例说明。

任务九　管理费用预算

任务目标

- 能根据企业内部数据和销售、生产战略预测本年度的管理费用。

任务背景

管理费用预算是指企业日常生产经营中为搞好一般管理业务所必需的费用预算。管理费用预算的编制采取以下两种方法：① 按项目反映全年预计水平；② 将管理费用划分为变动性和固定性两部分费用。实训环境下，在每年年初，企业需要编制本年度的管理费用预算，以下为编制管理费用预算所需的背景数据，如表 2-20～表 2-23 所示。

表 2-20　ISO 认证信息表

认证	认证周期	认证费用
ISO9000	2 年	50 万元 / 年
ISO14000	4 年	50 万元 / 年

表 2-21　产品研发信息表

产品	研发周期	研发费用
P2	6 季度	10 万元 / 季度
P3	6 季度	20 万元 / 季度
P4	6 季度	30 万元 / 季度

表 2-22　库存收费标准

项目	数量 X/ 件	库存费 Y/ 万元
产成品	≤ 5	0
	>5	$Y=(X-5)\times 0.1$
原材料	≥ 5	0
	>5	$Y=(X-5)\times 0.05$

表 2-23　转产和搬迁费基本信息表　　　　单位：万元 / 次

生产线	转产费	搬迁费
手工线	0	1
半自动线	5	1
全自动线	10	1
柔性线	0	1

● 任务分析

实训中，管理费用预算包含 ISO 认证费、产品研发费、库存费、转产费和搬迁费，各个项目的具体分析如下所示。

一、预测 ISO 认证费

ISO 认证完成才能拿到带有 ISO 认证标志的订单，所以建议从第一年开始就进行 ISO 认证，ISO 认证费详细信息参考表 2-20。

二、预测产品研发费

在制定销售战略时，根据已经确定的预计销售的产品和预计销售产品的时间，来确定研发的产品和研发的时间，根据研发的周期计算研发费，产品研发信息参考表 2-21。

三、预测库存费

根据期末存货预算中材料和产品的期末数量，结合库存费信息，计算产品一年的库存费，库存收费标准参考表 2-22。

四、预测转产费

根据制定生产战略所安排的生产计划，结合转产费用信息表计算产品一年的转产费，转产费用基本信息参考表 2-23。

五、预测搬迁费

一般情况下，生产线不需要搬迁，所以搬迁费为 0。

六、其他注意事项

在编制管理费用预算时，有以下几项注意事项。

（1）ISO 认证具有周期性，只有完成 ISO 认证，才能竞标特殊要求的订单。

（2）产品研发具有周期性，只有完成新品研发，才能具有生产的资质。

（3）库存费指的是年末企业产成品和材料的库存费用，库存费属于变动非生产成本。

（4）转产费指的是生产线转产的费用，比如：生产 P1 产品的生产线转产 P2 产品。

（5）搬迁费指的是生产线搬迁的费用，比如：A 厂房第一车间的生产线搬迁到 B 厂房第一车间。

任务操作

一、操作流程

管理费用预算流程见图 2-17。

图 2-17 管理费用预算流程

二、具体操作

根据预测的结果填写管理费用预算，填写时四舍五入保留两位小数，填写完成后，单击"保存"按钮，对数据进行保存，后期可修改；单击"结束任务"按钮，直接结束，后期不可修改数据。如图 2-18 所示。

管理费用预算(单位：W)	
项目	数值
ISO认证(W)	0.00
产品研发(W)	0.00
库存费(W)	0.00
转产费(W)	0.00
搬迁费(W)	0.00
	保存　结束任务

图 2-18 管理费用预算

任务思考

1. 在实际企业中，影响管理费用预算的因素有哪些？
2. 管理费用预算的编制可采用哪些方法？

任务十　资金预算

视频：应用销售百分比法预测资金需求量

任务目标

● 能根据业务预算数据编制资金预算。

任务背景

资金预算是反映预期内企业现金流转状况的预算。这里所说的现金，包括企业库存现金、银行存款等货币资金。编制资金预算的目的是合理地处理现金收支业务，调度资金，保证企业财务处于良好状态。在实训环境下，每年年初，企业需要编制本年度的资金预算，在第二季度、第三季度和第四季度，企业可根据实际数据和调整的预算数据调整每季度资金预算。

任务分析

一、编制资金预算

资金预算需要根据业务数据进行编制，首先根据本年预计的现金收入情况，编写现金收入的各个项目；其次根据本年预计的现金支出情况编写现金支出的各个项目；最后根据现金的余缺确定其贷款的现金。

（一）现金收入情况

1. 确定销售现金收入

销售现金收入包含年初的应收账款和当年销售收入收款，其中年初的应收账款收入系统自动分析填入，当年的销售收入收款金额和收款时间需要根据第一季度拿到的订单和当前的存货进行分析，当每季度交货完成后，根据订单的账期，计算订单销售收入收款的时间，并把当年应改的订单金额填入季度所对应的任务表格。

2. 确定变卖资产现金收入

变卖资产包括变卖生产线、变卖厂房、变卖产品和变卖材料，根据预计变卖资产的时间和预计得到的金额填入当年所对应的任务表格。

（二）现金支出情况

1. 确定直接材料支出

"直接材料"支出包含年初的应付账款和当年采购支付的账款。其中当年采购支付的账款与直接材料预算中的材料种类、材料采购的数量和价格有关，材料种类决定采购到货的时间（参考表 2-24），采购数量决定材料到货后应付账款的账期（参考表 2-25），采购数量和价格之积决定了支付的材料款金额。

表 2-24　材料信息表

材料名称	标准价格/（万元/个）	加急采购价格/（万元/个）	变卖价格/（万元/个）	到货周期/季度	市场波动
R1	5	10	3	1	−20%~50%
R2	6	12	3	1	−20%~50%
R3	7	14	4	2	−20%~50%
R4	8	16	4	2	−20%~50%

表 2-25　材料款支付方式信息表

材料采购数量/个	支付方式	账期/季度
≤ 50	现付（货到付款）	0
51~100	后付	1
101~150	后付	2
151~200	后付	3
≥ 201	后付	4

2. 确定直接人工支出

"直接人工"在每季度产品下线入库时支付，每季度应支付的费用与直接人工预算相关。

3. 确定变动制造费用支出

"变动制造费用"在每年第四季度支付，费用与制造费用预算中水电费和维修费相关。

4. 确定变动非生产成本支出

"变动非生产成本"在每年第四季度支付，费用与管理费用预算中的库存费相关。

5. 确定厂房车间管理人员工资支出

"厂房车间管理人员工资"在每年第四季度支付，费用与制造费用预算中的厂房车间管理人员工资相关。

6. 确定固定性销售费用支出

"固定性销售费用"和销售费用预算相关，广告费在每年第一季度支付，市场开拓费在每年第四季度支付。

7. 确定固定性管理费用支出

"固定性管理费用"和管理费用预算中的产品研发、ISO 认证、转产费和搬迁费相关，产品研发根据研发时间在每年每季度支付一定费用，ISO 认证费在每年第四季度支付，转产费和搬迁费在预计转产和搬迁的季度支付现金。

8. 确定贴现费用支出

"贴现费用"在发生应收账款贴现的季度支出。

9. 确定所得税支出

"所得税"在每年第一季度支付上年的所得税费用。

10. 确定设备及厂房购置的现金支出

按照预计购买的厂房和生产线的时间，把购买厂房或生产线发生的现金支出填入相应季度。

11. 确定借款利息和偿还贷款

"借款利息"和"偿还贷款"与短期贷款和长期贷款相关，短期贷款周期是一年，到期还本付息，长期贷款周期是四年，年末支付利息，到期还本。具体数据根据当年预计贷款的类型和贷款的金额进行计算填写。

12. 确定违约金支出

"违约金"与是否及时交货相关，若没有及时交货，则进行罚款，分为两种情况：第一季度未交货的加急订单将交违约金，为订单金额的 25%（保留两位小数）；第四季度未交货的所有订单将交违约金，为订单金额的 25%（保留两位小数）。

（三）筹资情况

"融资借款"系统会根据每季度的现金余缺自动填入数据，在实训中可以根据后续的资金状况修改融资借款的金额，其中第一季度、第二季度和第三季度系统默认为短期贷款，第四季度系统默认为长期贷款。

二、调整资金预算

每年的第一季度根据业务预算编制资金预算，在第二季度、第三季度和第四季度可以根据已调整的预算数据和部分执行的实际数据，调整每季度的资金预算。具体调整事项参考编制资金预算的各类项目。

在第二季度、第三季度和第四季度调整资金预算时，当季度资金预算的期初现金数据按照现阶段实际现金数显示。

任务操作

一、操作流程

资金预算流程见图 2-19。

图 2-19 资金预算流程

二、具体操作

根据预测的结果填写资金预算，填写时四舍五入保留两位小数，填写完成后，单击"保存"按钮，对数据进行保存，后期可修改；点击"结束任务"按钮，直接结束，后期不可修改数据。如图 2-20 所示。

资金预算(单位：W)

项目	第一季度	第二季度	第三季度	第四季度
期初现金余额	434.00	274.75	274.75	764.75
加：销售现金收入	0.00	0.00	490.00	490.00
变卖资产	0.00	0.00	0.00	0.00
本期现金收入合计	0.00	0.00	490.00	490.00
直接材料	0.00	0.00	0.00	0.00
直接人工	0.00	0.00	0.00	0.00
变动制造费用				0.00
变动非生产成本				0.00
厂房车间管理人员工资				0.00
固定性销售费用	0.00			0.00
固定性管理费用	0.00	0.00	0.00	0.00
贴现费用	0.00	0.00	0.00	0.00
所得税	159.25			
设备及厂房购置	0.00	0.00	0.00	0.00
支付借款利息	0.00	0.00	0.00	40.00
偿还借款	0.00	0.00	0.00	0.00
违约金	0.00	0.00	0.00	0.00
现金支出合计	159.25	0.00	0.00	40.00
现金余缺	274.75	274.75	764.75	1214.75
融资借款	0.00	0.00	0.00	0.00
期末现金余额	274.75	274.75	764.75	1214.75

保存　结束任务

图 2-20 资金预算

任务思考

1. 影响资金预算的因素有哪些？
2. 资金预算对企业经营有何影响？举例说明。

任务十一　编制预计利润表

任务目标

● 能根据预算数据编制预计利润表。

任务背景

　　预计利润表用来综合反映企业在计划期的预计经营成果，是企业财务预算中最主要的预算表之一。编制预计利润表的依据是各业务预算表、专门决策预算表和资金预算表。在实训环境下，每年年初，企业需要编制本年度的预计利润表，在第二季度、第三季度和第四季度，企业可根据实际数据和调整的预算数据，调整本年度的预计利润表。

任务分析

一、编制预计利润表

　　预计利润表需要根据业务预算和资金预算进行编制，预计利润表各个项目的具体编制依据如下所示。

（一）营业收入

　　"营业收入"为销售预算表中的产品销售收入合计数。

（二）变动生产成本

　　"变动生产成本"为产品成本预算表中的销售成本合计数。

（三）变动非生产成本

　　"变动非生产成本"为管理费用预算中的库存费。

（四）固定制造费用

　　"固定制造费用"为制造费用预算中的车间管理人员工资和折旧费。

（五）固定销售费用

"固定销售费用"为销售费用预算中的广告费和市场开拓费。

（六）固定管理费用

"固定管理费用"为管理费用预算中的产品研发费、ISO 认证费、转产费和搬迁费。

（七）固定财务费用

"固定财务费用"为现金预算中支付的贴现费用和利息。

（八）营业外收入

"营业外收入"为现金预算中变卖资产的收入合计数，即变卖生产线、厂房、产品或者材料的收入。

（九）营业外支出

"营业外支出"为现金预算中的违约金，或是变卖生产线和厂房的价值。

（十）所得税费用

企业所得税的税率是 25%，根据利润总额和所得税税率计算得出所得税费用。

二、调整预计利润表

每年的第一季度根据业务预算和现金预算编制预计利润表，在第二季度、第三季度和第四季度可以根据已调整的预算数据和部分执行的实际数据，调整每季度的预计利润表。具体调整事项参考编制预计利润表的各类项目。

● 任务操作

一、操作流程

预计利润表编制流程见图 2-21。

图 2-21　预计利润表编制流程

二、具体操作

根据预测的结果填写预计利润表，填写时四舍五入保留两位小数，填写完成后，单击"保存"按钮，对数据进行保存，后期可修改；单击"结束任务"按钮，直接结束，后期不可修改数据。如图 2-22 所示。

预计利润表(单位：W)

项目	数值
营业收入	0.00
减：变动成本	
变动生产成本	0.00
变动非生产成本	0.00
变动成本总额	0.00
边际贡献	0.00
减：固定成本	
固定性销售费用	0.00
固定性管理费用	0.00
固定性财务费用	0.00
固定成本总额	0.00
营业利润	0.00
加：营业外收入	0.00
减：营业外支出	0.00
利润总额	0.00
减：所得税费用	0.00
净利润	0.00

保存　结束任务

图 2-22　预计利润表

任务思考

1. 考虑用变动成本法编制的预计利润表有何优缺点？
2. 用完全成本法如何编制预计利润表？有何优缺点？

任务十二　编制预计资产负债表

任务目标

● 能根据预算数据编制预计资产负债表。

任务背景

　　预计资产负债表是依据当前的实际资产负债表和全面预算中的其他预算所提供的资料编制而成的总括性预算表格，可以反映企业预算期期末的财务状况。预计资产负债表可以为企业管理当局提供会计期末企业预期财务状况的信息，它有助于管理当局预测未来期间的经营状况，并采取适当的改进措施。在实训环境中，每年年初，企业需要编制本年度的预计资产负债表，在每年的第二季度、第三季度和第四季度，企业可根据实际数据和已调整的预算数据调整年度预计资产负债表。

任务分析

一、编制预计资产负债表

　　预计资产负债表根据业务预算、资金预算和预计利润表进行编制，各个项目的编制依据如下。

（一）货币资金

"货币资金"为资金预算中第四季度期末现金余额。

（二）应收账款

　　确定"应收账款"项目时，不仅取决于销售预算、现金预算，还取决于当年实际拿到的订单以及订单的交货时间，故在第一季度编制预计资产负债表时，企业还未拿到实际销售订单，"应收账款"项目等于预计销售收入；在第二季度、第三季度和第四季度编制预计资产负债表时，企业已取得实际订单，若企业在前一个季度未能完成所有订单的交货任务，那么下一个季度的"应收账款"项目等于已交货当年不能收到现金的应收账款和未交货订单的销售收入，直至企业完成了所有订单的交货任务后，未来所有季度的"应收账款"项目等于当年未收到现金的应收账款。

（三）原材料

"原材料"为期末存货预算中的原材料成本总额。

（四）在制品

"在制品"为期末存货预算中的在制品成本总额。

（五）库存商品

"库存商品"为期末存货预算中的库存商品成本总额。

（六）土地和建筑

"土地和建筑"按照当年年末现有厂房的原值计算填写。

（七）机器和设备

"机器和设备"按照当年年末现有生产线的原值计算填写。

（八）累计折旧

"累计折旧"为年初的累计折旧与今年累计折旧（制造费用预算表中的折旧费）之和。

（九）应付账款

"应付账款"为当年预计不能支付现金的材料款。

（十）应交税费

"应交税费"为预计利润表中的所得税费用。

（十一）长期借款

长期借款计算公式为：

"长期借款" = 本年预计的长期借款 + 期初的长期借款 − 本年已还的长期借款

（十二）短期借款

短期借款计算公式为：

"短期借款" = 本年预计的短期借款 + 期初的短期借款 − 本年已还款的短期借款

（十三）未分配利润

未分配利润计算公式为：

"未分配利润" = 年初的未分配利润 + 今年预计的净利润 × 90%

若盈余公积累计的提取数超过实收资本的 50%，那么当年不再提取盈余公积，则

未分配利润 = 年初的未分配利润 + 今年预计的净利润

（十四）盈余公积

盈余公积计算公式为：

"盈余公积" = 年初的盈余公积 + 今年预计的净利润 × 10%

若盈余公积累计的提取数超过实收资本的 50%，那么当年不再提取盈余公积，则

盈余公积 = 年初的盈余公积

二、调整资产负债表

每年的第一季度根据业务预算、现金预算和预计利润表编制预计资产负债表，在第

二季度、第三季度和第四季度可以根据已调整的预算数据和部分执行的实际数据，调整本年度的预计资产负债表。具体调整事项参考编制预计资产负债表的各类项目。

● 任务操作

一、操作流程

预计资产负债表编制流程见图 2-23。

单击"预计资产负债表" → 查看任务规则 → 填写任务表格 → 单击"结束任务"

图 2-23　预计资产负债表编制流程

二、具体操作

根据预测的结果填写预计资产负债表，填写时四舍五入保留两位小数，填写完成后，单击"保存"按钮，对数据进行保存，后期可修改；当资产负债表平衡之后，单击"结束任务"按钮，可直接结束任务，后期不可修改数据。如图 2-24 所示。

预计资产负债表(单位：W)

项目	期初	期末	项目	期初	期末
流动资产			流动负债		
货币资金	434	0.00	短期借款	0	0.00
应收账款	980	0.00	应付账款	0	0.00
存货			应交税费	159.25	0.00
原材料	400	0.00	流动负债合计	159.25	0.00
在制品	413	0.00	非流动负债		
库存商品	400	0.00	长期借款	400	0.00
流动资产合计	2627	0.00	非流动负债合计	400	0.00
非流动资产			负债合计	559.25	0.00
固定资产原价			所有者权益		
土地和建筑	320	0.00	实收资本	2000	2000.00
机器和设备	265	0.00	未分配利润	136.97	136.97
减：累计折旧	468	0.00	盈余公积	47.78	0.00
固定资产账面价值	117	0.00	所有者权益合计	2184.75	2136.97
在建工程	0	0.00	负债和所有者权益总计	2744	2136.97
非流动资产合计	117	0.00			
资产总计	2744	0.00			

保存　结束任务

图 2-24　预计资产负债表

任务思考

1. 影响预计资产负债表的因素有哪些?

2. 预计资产负债表对企业经营有何影响? 举例说明。

必备知识技能导图

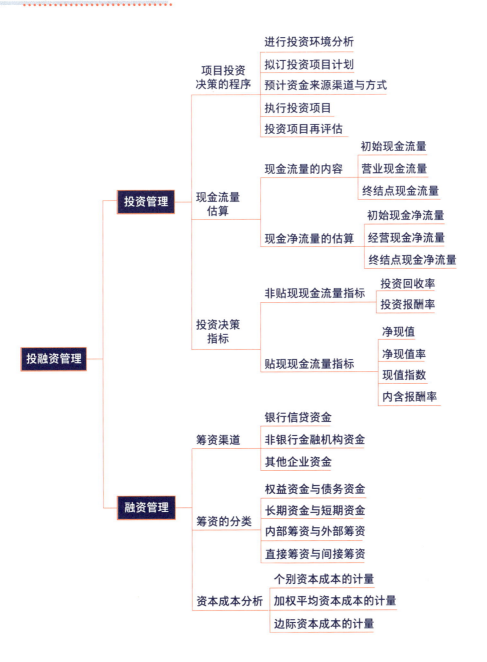

3

任务一　产品研发

任务目标

● 能够根据销售生产计划，在合适的时间选择合适的产品进行研发。

任务背景

企业目前以设计、生产和销售 P1 产品为主营业务。然而，在新技术日新月异的今天，在消费者对产品性能要求不断提高的背景下，企业现有的 P1 产品已经不能完全满足市场需求。因此，企业计划今后加大研发投入，推出更高性能的产品。

视频：项目投资决策概述

产品的研发需要周期，每季度均可进行产品研发，研发费用在每季度产品研发时支付，不能加速研发。只有在研发完成后才可以进行该种产品的加工生产，研发未完成时不能开工生产，但可以提前备料。比如：从第一年第一季度开始研发 P2 产品，到第二年第二季度末研发完成，故第二年第二季度末就可以安排生产。表 3-1 为产品研发信息表。

研发部门可以同时研发所有的产品，也可以选择部分产品进行研发。可以在任何时间里停止对产品研发的投资，但已经付出的现金不能收回。如果在停止研发一段时间后想继续研发，可以在前期研发的基础上继续增加投入。

表 3-1　产品研发信息表

产品	研发周期	研发费用
P2	6 季度	10 万元 / 季度
P3	6 季度	20 万元 / 季度
P4	6 季度	30 万元 / 季度

任务分析

首先，根据背景资料，结合市场需求变化趋势，在分析企业现有产品品种及其结构的基础上，确定产品研发的方向。其次，结合具体的销售预算、生产预算数据，制定产品研发计划，明确产品的研发期间。最后，根据产品研发的方向和计划严格执行产品研发任务的操作。

一、确定备选方案

根据前期战略确定备选方案。假设在前期战略制定时，确定为发展多元化战略，那么在产品研发时，尽量多研发产品，此时可能有四种方案备选：

（1）研发产品 P2 和 P3；

（2）研发产品 P2 和 P4；

（3）研发产品 P3 和 P4；

（4）研发产品 P2、P3 和 P4。

这四种方案如何选择，可按照以下内容分析。

二、预测净现金流量

结合战略预测四个方案五年的净现金流量。通过预测，选出净现金流量较高的方案进行产品研发。填写表 3-2。

表 3-2　现金流量预测表

单位：万元

项目	方案一	方案二	方案三	方案四
销售现金收入				
本期现金流入合计				
直接材料				
直接人工				
变动制造费用				
变动非生产成本				
固定性制造费用				
固定性销售费用				
固定性管理费用				
设备及厂房购置				
本期现金流出合计				
净现金流量				

（1）销售现金收入根据市场分析中数量预测和价格预测进行计算。

（2）直接材料根据生产计划和材料标准价格计算。

（3）直接人工根据生产计划和工费信息表（附表 1-4）计算。

（4）变动制造费用为厂房和生产线的维修费与水电费，根据厂房和生产线购置计划和厂房 / 生产线费用明细表（见表 3-3）计算，而厂房和生产线购置计划可根据生产计划进行预算。

表3-3　厂房/生产线费用明细表　　　　　　　　单位：万元/年

厂房/生产线	维修费	水电费	车间管理人员工资	折旧
A厂房	10	30	50	
B厂房	8	20	30	
C厂房	6	10	20	折旧率均为33%，折旧额＝厂房或生产线净值×折旧率（四舍五入后取整）
手工线	5			
半自动线	5			
全自动线	5			
柔性线	5			

（5）变动非生产成本为产成品和材料的库存费，根据未来库存数量和库存费基本信息表（见表3-4）计算。

表3-4　库存费基本信息

项目	数量X/件	库存费用Y/万元
产成品	≤5	0
	>5	$Y=(X-5)×0.1$
原材料	≤5	0
	>5	$Y=(X-5)×0.05$

（6）固定性制造费用包括车间管理人员工资和厂房、生产线的折旧费，根据厂房生产线购置计划和厂房/生产线费用明细表（见表3-3）计算。

（7）固定性销售费用包括广告费和市场开拓费。广告费和市场开拓费根据内外环境分析和投放广告、市场开拓规则进行测算，详细的任务分析可见本书中的销售费用预算。

（8）固定性管理费用包括产品研发费、ISO认证费和转产费。产品研发费、ISO认证费和转产费根据产品研发、ISO认证和购买生产线的规则进行计算，详细的任务分析可见本书中的管理费用预算。

（9）厂房和生产线的购置数量和种类根据生产计划量进行测算，测算完成后，根据购置价格进行计算。

以上列举了净现金流量预测的相关内容，实际操作中，工作量较大，但计算结果比较准确，若要简化计算工作，也可以根据自己的职业判断进行粗略的预测。预测完成后，选取净现金流量较高的方案进行产品研发。

三、制定产品研发计划

企业确定研发的产品种类后，需要确定产品的研发时间，这就需要分析市场需求的变动以及企业的产品结构，结合销售战略制订具体的产品研发计划。

[例 3-1] 假定企业选择研发产品 P2、P3 和 P4，研发周期为六个季度，同时第二年开始销售 P2 和 P3，第四年开始销售 P4，且企业生产周期为 1 个季度，那么产品研发的合理时间和费用等具体内容如表 3-5 所示。

表 3-5　产品研发计划

产品	研发周期	研发总费用	最早研发开始时间	最合适的研发时间	最晚研发开始时间
P2	6 季度	60 万元	第一年第一季度	第一年第一季度	第一年第二季度
P3	6 季度	120 万元	第一年第一季度	第一年第一季度	第一年第二季度
P4	6 季度	180 万元	第一年第一季度	第二年第三季度	第三年第二季度

任务操作

一、操作流程

产品研发流程见图 3-1。

图 3-1　产品研发流程

二、具体操作

在系统界面选中要研发的产品，点击"产品研发"按钮，完成操作。如图 3-2 所示。

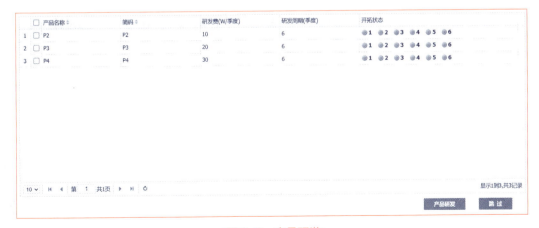

图 3-2　产品研发

任务思考

1. 在进行投资决策时，是否需要考虑货币的时间价值？为什么？

2. 为什么在进行投资决策分析时，通常要以现金流量而不是会计利润作为项目取舍的衡量标准？

任务二　购买厂房

任务目标

● 能够根据未来的生产计划合理购置厂房。

任务背景

企业对固定资产进行投资主要是为了生产的需求，因为现有的生产力已不能满足企业的需求，或现有的生产力已经不能跟上时代的发展，优胜劣汰是企业进一步发展的过程。如何根据企业的实际状况，选择合适的生产设备投资方案是企业面临的重大选择。

企业目前只有 A 厂房，已全部安置 4 条生产线，还剩余 B 厂房和 C 厂房未购入。企业每季度都可以购买厂房，购买厂房时会立即发生现金支出。购置厂房不需要进行装修，可立即安置生产线。

厂房不论是否进行生产，每年会产生固定的费用支出，包括每年要支出的维修费、管理费、水电费（当年购买的厂房当年不计提折旧、不考虑维修费），而且每个厂房可容纳的生产线以及购买价格也不相同，详细信息可见表 3-6。

表 3-6　厂房信息表

单位：万元

厂房	容纳生产线	购买价格	维修费	车间管理人员工资	水电费	变卖价格
A 厂房	4 条	320	10	50	30	320
B 厂房	3 条	240	8	30	20	240
C 厂房	1 条	120	6	20	10	120

任务分析

在明确产品研发计划之后，根据销售战略、生产战略和产品研发计划等信息，结合现有产能，进行后期的产能规划，确定要购置的厂房和生产线，并计算分析整个投资计划所需的现金流量，为后续的融资计划做准备。

一、根据生产战略合理安排产能

生产线和厂房的购置须根据生产战略合理安排。合理安排的最优程度是生产产能利用率最大化，没有剩余产能，且能满足销售的需求。同时，要关注后期费用的支出，在满足产能的前提下尽量减少费用的支出。

根据生产战略计算每年所有产品的生产量，并对应厂房和车间进行产能安排，填写表3-7。

表3-7 产能安排计划表 单位：件

厂房	车间	第一年	第二年	第三年	第四年	第五年
A厂房	第一车间					
	第二车间					
	第三车间					
	第四车间					
B厂房	第一车间					
	第二车间					
	第三车间					
C厂房	第一车间					

二、厂房选择计划

根据企业背景资料，A厂房可以安装4条生产线，B厂房可以安装3条生产线，C厂房可以安装1条生产线。目前，企业已经拥有A厂房，并安装了4条生产线。结合前述产能安排计划和厂房信息表（表3-6），可以得出厂房购买时间和支出金额，填写表3-8。

表3-8 购买厂房计划表

新购厂房	购买时间	支出金额／万元
B厂房		
C厂房		

任务操作

一、操作流程

购买厂房流程见图3-3。

图 3-3　购买厂房流程

二、具体操作

在系统界面，选择要购买的厂房，单击"购买厂房"按钮，完成操作。如图 3-4 所示。

图 3-4　购买厂房

任务思考

1. 在编制产能安排计划时，需要考虑哪些因素？

2. 在进行购买厂房决策时，是否需要考虑货币的时间价值？为什么？

任务三　购买生产线

任务目标

● 能够根据生产计划选择合适生产线进行购买。

任务背景

企业购置新的厂房或者变卖旧的生产线后，会新购生产线。新购生产线没有安装周期，购买时即可安装使用，并发生现金支出。生产线不论是否生产，每年都会产生固定的维修费用支出。（当年购买的生产线当年不计提折旧、不考虑维修费。）

企业可以在任何时间对生产线投资，但已经付出的资金不能收回。一条生产线在同一时间只能生产一种产品。

每条生产线在选择生产了一种产品后，如果要生产其他产品，需要进行生产线转产，半自动线和全自动线转产时需要支付转产费。生产线处于空闲状态才可以进行转产。

空闲的生产线还可以变卖，变卖时，在辅助信息生产线变卖任务中操作。当年变卖的生产线仍需要计提折旧。表3-9为生产线费用信息。

表3-9 生产线费用信息表

生产线	生产周期/季度	周期产量/件	购买价格/万元	维修费用/万元	转产费用/万元	变卖价格/万元	拆迁费用/万元
手工线	3	10	25	5	0	5	1
半自动线	2	10	40	5	5	10	1
全自动线	1	10	80	5	10	20	1
柔性线	1	10	120	5	0	30	1

● 任务分析

在明确产品研发计划之后，根据销售战略、生产战略和产品研发计划等信息，结合现有产能，进行后期的产能规划，确定要购置的生产线。最后，计算分析整个投资计划所需的现金流量，为后续的融资计划做准备。

一、根据生产战略合理安排产能

生产线和厂房的购置须根据生产战略合理安排。合理安排的最优程度是生产产能利用率最大化，没有剩余产能，且能满足销售的需求。同时，也要关注后期费用的支出，在满足产能的前提下使得费用支出最小化。

[例3-2] 假定企业根据生产战略购置了全部厂房，且全部厂房都安置生产线，各厂房目前的最大产能如表3-10～表3-12所示。

表3-10 A厂房产能安排计划表　　单位：件

A厂房	第一年	第二年	第三年	第四年	第五年
第一车间	20	40	40	40	40
第二车间	40	40	40	40	40
第三车间	40	40	40	40	40
第四车间	40	40	40	40	40

表3-11 B厂房产能安排计划表　　单位：件

B厂房	第一年	第二年	第三年	第四年	第五年
第一车间	20	40	40	40	40
第二车间	20	40	40	40	40
第三车间	20	40	40	40	40

表3-12 C厂房产能安排计划表　　单位：件

C厂房	第一年	第二年	第三年	第四年	第五年
第一车间	30	40	40	40	40

第一年第一季度初企业只有 A 厂房，且达到入库状态的只有 A 厂房第二车间、第三车间和第四车间，故第一季度只能入库 30 件 P1。第一年第一季度材料库存只有 80 件，只生产 P1 的情况下，不考虑紧急采购，第一季度只能投产 40 件 P1，故第二季度只能入库 40 件 P1。同时，在考虑现金的合理使用情况下，第一年 A 厂房第一车间只能入库 20 件，B 厂房所有车间入库 20 件，C 厂房第一车间入库 30 件。

二、根据产能计划选择生产设备进行安装

厂房购置后，需要安装生产线，目前有四种生产线，分别是手工线、半自动线、全自动线和柔性线，且四种生产线的生产周期不同，若有车间每年的产能在 20 件及以下，在产能利用率最大的情况下可以考虑安置手工线或半自动线，但手工线因周期太长，产能太低，因此不建议选择，最终可选择安置半自动线；若所有车间每年的产能都是 40 件（除第一年外），可以考虑安置全自动线或柔性线，两者相比，柔性线的价格和人工费高于全自动线，但柔性线的转产费为 0，半自动线的转产费为 10 万元，故转产次数较少的情况下，全自动线的性价比高于柔性线，最终可选择全自动线。

［例 3-3］接上例 3-2，根据例 3-2 各厂房目前的产能可以得到每个车间安置的生产线的生产周期为一个季度，故选择生产线时需要选择全自动线和柔性线，比较两者的性价比，最终选择全自动线。

三、确定生产线购买或更新的时间

在购买或更新生产线时，需要注意购买和更新的时间。若生产线购买或更新太早会造成资金的提前占用和产能的浪费；若购买或更新太晚，会因为生产不及时，导致无法按时交货，造成违约情况的发生。那么，企业若要确定生产线购买或更新的合理时间，可通过分析车间产能的变化得出。以下用具体案例进行说明。

［例 3-4］接例 3-2，通过 A 厂房第一车间第一年产能是 20 件，第二年是 40 件，可以得出 A 厂房第一车间需要在第三季度更新生产线，手工线更新为全自动线；通过 A 厂房第二车间每年产能 40 件，对比原来的每年产能 20 件，可以得出 A 厂房第二车间需要在第一年第一季度更换半自动线为全自动线；通过 B 厂房所有车间第一年产能 20 件，第二年 40 件，可以得出更为合理的购买方式是在第一年第二季度购买全自动线；通过 C 厂房第一车间第一年产能 30 件，第二年产能 40 件，可以得出合理的购买方式为第一年第一季度购买全自动线。

任务操作

一、操作流程

购买生产线流程见图 3-5。

图 3-5　购买生产线流程

二、具体操作

在系统界面，选择要购买的生产线类型，选择生产的产品，选择安装位置，单击"购买安装"按钮，完成操作。如图 3-6 所示。

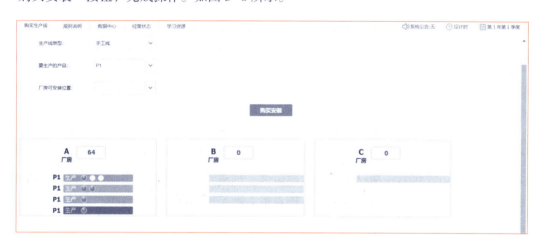

图 3-6　购买生产线

任务思考

在进行购买生产线决策时，需要考虑哪些因素？

任务四　短贷 / 还本付息

任务目标

● 能根据年度预算和投资计划选择合适的短期贷款方式。

任务背景

企业为应对市场变化，决定在今年加大研发投入，推出更高性能的 P 系列其他产品，同时，新产品研发完成后必须依赖于新的生产线来进行生产。因此，企业制定了新产品研发计划以及相应的固定资产投资计划，这意味着企业

视频：信贷融资

需要投入大量的资金。企业根据产品研发计划和固定资产购置计划分析制定融资计划。

企业目前可以借入的短期借款方式有两种：短期贷款和民间融资。短期贷款利率低且贷款灵活，但期限短，一年后必须还本付息，有到期还款的贷款时，必须先还款，才能再进行贷款。民间融资利率较高但贷款时间灵活，在无法进行短期与长期贷款时可做应急选择。有到期还款的贷款时，必须先还款，才能再进行贷款。表 3-13 为短期贷款和民间融资信息表。

表 3-13　短期贷款和民间融资信息表

融资方式	贷款时间	贷款额度	还贷	年利率	期限
短期贷款	每季任何时间	上年所有者权益的 2 倍，并能被 100 整除的最大整数 – 已贷短期贷款	到期一次还本付息	5%	4 季度
民间融资	每季任何时间	上年所有者权益的 2 倍，并能被 100 整除的最大整数 – 已贷民间融资	到期一次还本付息	15%	4 季度

任务分析

根据销售预算以及企业期初资产情况，确定各季度可供使用现金合计数。根据各部门预算数据，结合投资计划以及企业负债情况，确定各季度现金流出量。两数相减得出现金余缺。同时，结合一定的期末现金持有量，确定每季度的融资金额。通过比较分析各种融资方式的特点、要求以及不同融资方式下的资本成本，结合企业实际情况，选择最优的融资方式或融资方式组合进行融资。

一、确定融资规模

根据企业的产品业务预算相关数据以及投资计划和原有的资产、负债情况，结合给定的预算规则，计算企业每季度的现金流入量和流出量，两数相减得出现金余缺。同时，结合一定的期末现金持有量，确定每季度的融资金额，其中，融资借款 = 期末现金余额 – 现金余缺，填写表 3-14。各个项目详细的分析可参考本书中资金预算任务。

表 3-14　现金预算表　　　　　　　　　单位：万元

项目	第一季度	第二季度	第三季度	第四季度
期初现金余额				
加：销售现金收入				
变卖资产				
本期现金流入合计				
直接材料				
直接人工				
变动制造费用				
变动非生产成本				

项目	第一季度	第二季度	第三季度	第四季度
固定性制造费用				
固定性销售费用				
固定性管理费用				
贴现费用				
所得税费用				
设备及厂房购置				
违约金				
现金流出合计				
支付借款利息				
偿还借款				
现金余缺				
融资借款				
期末现金余额				

二、选择融资方式

确定融资金额之后，需要选择合适的融资方式实现融资。根据企业背景资料，重点给出了长期贷款和短期贷款两种融资方式，此外还有民间融资。融资方式的选择要结合长期贷款一起考虑。各种融资方式的具体信息参考表 3-13 和表 3-15。

通过 3 种融资方式的信息我们知道，短期贷款利息费用少，贷款时间不受限，但是其还款期限短，4 个季度后的还款仍然会产生资金压力，所以短期贷款更适用于企业短期的资金周转，而长期贷款利率高，贷款时间受限，但还款期限长，可用于企业长期的资产投资。在短期贷款和长期贷款都无法借入时，企业也可以借入利率较高的民间融资，作为暂时的资金周转。对于应该选择哪种融资方式，应该在综合考虑各种融资方式的特点以及企业实际需求的情况下，综合判断出最优的融资方式。

任务操作

一、操作流程

短贷 / 还本付息流程见图 3-7。

图 3-7　短贷 / 还本付息流程

二、具体操作

在系统界面，选择要融资的类型，选择金额，单击"新贷款"按钮，完成操作。如图 3-8 所示。

图 3-8　短贷 / 还本付息

任务思考

如果不考虑资金时间价值，如何运用个别资本成本进行融资方式的选择？

任务五　长贷 / 还本付息

任务目标

● 能根据年度预算和投资计划进行合理的长期贷款。

任务背景

企业融资方式除了短期贷款和民间融资，企业还可以进行长期贷款。长期贷款利率介于短期贷款与民间融资之间，贷款时间固定，还款期间较长。有到期还款的贷款，需要先还款，才能再次进行贷款。如表 3-15 所示。

表 3-15　长期贷款信息表

融资方式	贷款时间	贷款额度	还贷	年利率	期限
长期贷款	每年年末	上年所有者权益的2倍，并能被100整除的最大整数 - 已贷长期贷款	年末付息，到期还本	10%	4 年

任务分析

长贷 / 还本付息的任务分析与短贷 / 还本付息任务相同，先确定融资规模，再选择融资方式。短期贷款更适用于企业短期的资金周转，而长期贷款更适用于企业长期的资产投资。

任务操作

一、操作流程

长贷 / 还本付息流程如图 3-9 所示。

图 3-9　长贷 / 还本付息流程

二、具体操作

在系统界面，点击"长贷 / 还本付息"任务，选择金额，单击"新贷款"按钮，完成操作。如图 3-10 所示。

图 3-10　长贷 / 还本付息

任务思考

当企业存在多种筹资组合时，最佳资本结构的判断有哪些？

必备知识技能导图

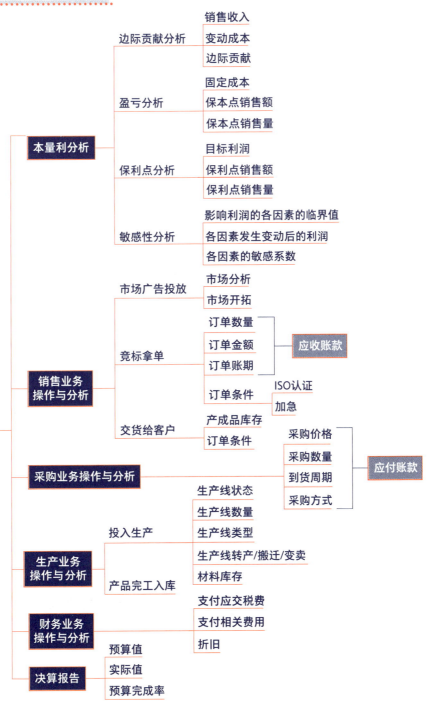

任务一　本量利分析

任务目标

● 能够根据销售预算、产品成本预算、费用预算等数据进行边际贡献分析。

● 能够根据销售预算、预计利润表等数据，结合相关边际贡献分析数据进行盈亏分析。

● 能够根据销售预算、预计利润表等数据，结合相关盈亏分析数据进行保利点分析。

● 能够根据销售预算数据，结合边际贡献分析、盈亏分析、保利点分析相关数据进行敏感性分析。

任务背景

本量利分析主要是通过分析成本、产量（或销量）、利润之间的相互关系来帮助企业进行生产经营决策，降低经营风险，确保目标利润的实现。本量利分析所需背景资料见预算管理中的相关预算数据。

任务分析

企业生产经营的利润与销售单价、单位变动成本、固定总成本以及销量之间存在一定的数量关系，这种关系可以用特定的等式表示。根据这种数量关系可以进行用销售量或者销售额表示盈亏平衡点的分析，此外，还可以用销售量或销售额表示实现目标利润的销售水平的分析，最后还可通过各个变量对计算成果的影响程度，对各个变量进行敏感性分析。

在实训中，本量利分析包含边际贡献分析、盈亏分析、保利点分析和敏感性分析，各个项目的具体分析思路如下所示。

一、边际贡献分析

根据预算数据计算边际贡献分析表中的相关数据，填写表4-1。

表4-1　边际贡献分析

项目	P1	P2	P3	P4
边际贡献总额/万元				
边际贡献率/%				
变动成本率/%				

第一步，根据预算数据，计算每类产品的单位变动成本，计算结果保留两位小数。

某类产品单位变动成本 = 该产品变动成本 ÷ 该产品生产数量

其中，某类产品的变动生产成本包括该产品的直接材料、直接人工和变动费用。

直接材料 = 产品生产数量 × 产品 BOM 表中材料的耗量 × 材料单价

材料单价 =（期初材料成本 + 直接材料预算表中预计本年采购的且本年度到货的材料采购金额）÷（期初数量 + 直接材料预算表中预计本年采购的且本年度到货的材料采购数量）

直接人工 = 直接人工预算的数据

产品变动费用 = 变动制造费用 + 库存费

变动费用按照销售收入占比计算分配到各类产品。销售收入占比的计算结果保留两位小数，分配的变动费用也保留两位小数。

第二步，根据预算数据，计算每类产品的边际贡献总额。

某类产品的边际贡献总额 =（该产品预算的销售单价 – 该产品单位变动成本）× 该产品预算销量

第三步，根据预算数据，结合上面的计算结果，计算每类产品的边际贡献率。

某类产品的边际贡献率 = 该产品的边际贡献总额 ÷ 该产品的预算销售收入

第四步，根据上面的计算结果，计算每类产品的变动成本率。

某类产品的变动成本率 =1– 该产品的边际贡献率

二、盈亏分析

根据预算数据和边际贡献数据计算盈亏分析表中的相关数据，如表 4-2 所示。

表 4-2 盈亏分析

项目	P1	P2	P3	P4
综合保本点销售额 / 万元				
保本点销售额 / 万元				
保本点销售量 / 件				
安全边际量 / 件				
安全边际额 / 万元				
安全边际率 /%				

首先，根据预算数据，对所有产品进行盈亏平衡分析，具体如下：

第一步，结合前述计算的各类产品的销售比重和边际贡献率，计算加权平均边际贡献率，计算结果不进行四舍五入保留小数。

加权平均边际贡献率 = ∑（某产品的边际贡献率 × 该产品的销售比重）

第二步，计算综合盈亏平衡销售额即综合保本点销售额，计算结果保留两位小数。

$$综合保本点销售额 = 固定成本总额 \div 加权平均边际贡献率$$

其中，固定成本总额为"预算管理——预计利润表"中的固定成本总额。

第三步，计算各类产品的保本点销售额和销售量。

$$某类产品的保本点销售额 = 综合保本点销售额 \times 该产品的销售比重（计算结果保留两位小数）$$

$$某类产品的保本点销售量 = 该产品保本点销售额 \div 该产品的预算销售单价（计算结果四舍五入保留整数）$$

产品的预算销售单价见"预算管理——销售预算"中的销售单价。

其次，根据预算数据，结合前面的盈亏平衡分析相关计算结果，对所有产品进行安全边际分析，具体如下：

第一步，计算各类产品的安全边际量和安全边际额。

$$某类产品的安全边际量 = 该产品预计销售量 - 该产品保本点销售量$$

$$某类产品的安全边际额 = 该产品预计销售额 - 该产品保本点销售额$$

第二步，计算各类产品的安全边际率。

$$某类产品的安全边际率 = （该产品安全边际量 \div 该产品预算销售量）\times 100\%$$

$$= （该产品安全边际额 \div 该产品预算销售额）\times 100\%$$

三、保利点分析

根据预算数据计算保利点分析表中的相关数据，如表4-3所示。

表4-3 保利点分析

项目	P1	P2	P3	P4
保利量/件				
保利额/万元				

第一步，计算每类产品的目标利润。

$$某类产品目标利润 = 目标利润总额 \times 该产品利润率$$

$$某类产品利润率 = 该产品的边际贡献额 \div 边际贡献总额$$

$$边际贡献总额 = \sum（某产品的单位边际贡献 \times 某产品的预算销售量）$$

$$某产品的单位边际贡献 = 该产品的单价 - 该产品的单位变动成本$$

其中，目标利润总额为财务维度的营业利润指标且目标利润和利润率的计算结果保留两位小数。

第二步，计算每类产品的保利额。

$$某类产品的销售额 = （该产品分配的固定成本 + 该产品的目标利润）\div 该产品的边际贡献率$$

其中，固定成本按照销售收入占比进行分配。

第三步，计算每类产品的保利量。

某类产品的保利量＝（该产品分配的固定成本＋产品的目标利润）÷该产品的单位边际贡献

其中，固定成本按照销售收入占比进行分配。

四、敏感性分析

根据预算数据，计算销量、单价、单位变动成本、固定成本不同变动幅度下的利润，如表4-4所示。

表4-4　敏感性分析表　　　　　　　　　　　　　单位：万元

产品	变动项目	变动率 -30%	变动率 -20%	变动率 -10%	变动率 0%	变动率 10%	变动率 20%	变动率 30%
P1	销量变动下的利润							
	单价变动下的利润							
	单位变动成本变动下的利润							
	固定成本变动下的利润							
P2	销量变动下的利润							
	单价变动下的利润							
	单位变动成本变动下的利润							
	固定成本变动下的利润							
P3	销量变动下的利润							
	单价变动下的利润							
	单位变动成本变动下的利润							
	固定成本变动下的利润							
P4	销量变动下的利润							
	单价变动下的利润							
	单位变动成本变动下的利润							
	固定成本变动下的利润							

第一步，根据预算数据，计算当预算销售量、预算销售单价、单位变动成本、固定成本不变时，各产品的利润，即变动率为零时各产品的利润。

某产品的利润＝（该产品的预算销售单价－该产品的单位变动成本）×该产品的预算销售量－该产品的固定成本

其中，某产品的单位变动成本与边际贡献分析时计算方法和结果一致。

某产品的固定成本＝该产品的销售比重×固定成本总额

第二步，分别计算预算销售量、预算销售单价、单位变动成本、固定成本在不同变动幅度下各产品的利润。

1. 预算销售量变动时

某产品预算销售量变动下的利润 =（该产品的预算销售单价 − 该产品的单位变动成本）× 该产品的预算销售量 ×（1+ 变动率）− 该产品的固定成本

2. 预算销售单价变动时

某产品单价格变动下的利润 =［该产品的预算销售单价 ×（1+ 变动率）− 该产品的单位变动成本］× 该产品的预算销售量 − 该产品的固定成本

3. 单位变动成本变动时

某产品单位变动成本变动下的利润 =［该产品的预算销售单价 − 该产品的单位变动成本 ×（1+ 变动率）］× 该产品的预算销售量 − 该产品的固定成本

4. 固定成本变动时

某产品固定成本变动下的利润 =（该产品的预算销售单价 − 该产品的单位变动成本）× 该产品的预算销售量 − 该产品的固定成本 ×（1+ 变动率）

第三步，将各因素在不同变动幅度下的利润同各因素不变时的目标利润进行比较，就可以得出利润对哪些因素的变化非常敏感、对哪些因素的变化并不敏感，从而便于企业有的放矢地确保目标利润的实现。

任务操作

一、操作流程

本量利分析流程见图 4-1。

图 4-1　本量利分析流程

二、具体操作

本量利分析需要在每年的第一季度完成。计算结果四舍五入保留两位小数。其中，带有百分号的项目如边际贡献率、变动成本率等只填写计算结果百分号之前的数据即可，不需要填写百分号。例如，计算出的 P1 的边际贡献率是 25%，填写 25.00 即可。敏感性分析任务系统自动计算，无须再计算。实训系统里面的本量利分析任务依次如

图 4-2 ～ 图 4-5 所示。本量利分析里面每个任务填写完成后，都要单击"保存"按钮，所有表格都完成后，单击"结束任务"按钮，任务结束后不可以再修改。

1. 边际贡献分析

产品	项目	分析值
P1	边际贡献总额	0.00
P1	边际贡献率(%)	0.00
P1	变动成本率(%)	0.00

保存

图 4-2　边际贡献分析

2. 盈亏分析

产品	项目	分析值
	综合保本点销售额	0.00
P1	保本点销售额	0.00
P1	保本点销售数量	0.00
P1	安全边际量	0.00
P1	安全边际额	0.00
P1	安全边际率(%)	0.00

保存

图 4-3　盈亏分析

3. 保利点分析

产品	项目	分析值
P1	保利量	0.00
P1	保利额	0.00

保存

图 4-4　保利点分析

4. 敏感性分析

产品	变动项目	变动率-30%	变动率-20%	变动率-10%	变动率0%	变动率10%	变动率20%	变动率30%
P1	销售数量变动下的利润	-174.75	-104.00	-33.25	37.50	108.25	179.00	249.75
P1	销售单价变动下的利润	-337.50	-212.50	-87.50	37.50	162.50	287.50	412.50
P1	单价变动下的利润	200.25	146.00	91.75	37.50	-16.75	-71.00	-125.25
P1	固定成本变动下的利润	238.50	171.50	104.50	37.50	-29.50	-96.50	-163.50

保存

结束任务

图 4-5　敏感性分析

任务思考

1. 本量利分析在企业经营决策中有什么作用？请结合实例进行分析。

2. 若企业计划销售 P1 产品 100 件，单价为 25 万元，单位变动成本 10 万元，固定成本为 800 万元，那么这些因素的变化对利润的变化有什么影响？请比较利润对这些因素的敏感程度。

任务二　市场广告投放

任务目标

● 能够根据销售战略和市场分析数据制定市场广告投放计划。

任务背景

当前，企业已经根据市场分析数据以及自身的产能和资金状况等制定了相应的销售战略、生产战略等战略目标。那么，企业既定的战略目标能否实现，很大程度上取决于产品的销售情况，也就是企业实际可以拿到多少订单。因此，如何合理安排广告投放是企业能够实现战略目标的关键。

任务分析

在实训操作中，广告投放是以可生产的产品和可售卖的市场展开投放的，所以企业需要通过广告投放的规则和每年内外环境因素来确定每年企业各个产品在各个市场的投放金额。

一、了解广告投放的相关规则

（1）在广告投放区，可以看到产品名称和各个市场，已经研发的产品会显示在产品名称一栏的下面。例如，可以单击 P1 产品本地市场下的数字，进行该产品的广告投放，如图 4-6 所示。

图 4-6　P1 产品广告投放

当所有产品在不同市场下的广告费都填写完成后，单击"投放广告"按钮，即完成了本年度的广告投放。

（2）每年需要进行至少一次广告的投放，如果放弃广告的投放，将无法参加选单。

（3）广告投放结束后不能再次投放广告，一年只能投放一次广告。

（4）广告的投放金额会影响订单的选择，广告的投放金额在销售订单收入的2%～15%，广告费投放的越多，订单获取的机会越大。

二、分析广告投放的影响因素

（一）市场需求的整体状况

市场的需求状况是指每类产品在不同年度不同市场上的需求数量和相应价格。在实训系统中，市场的规模和资源是有限的，产品在每个市场的成长期、成熟期和衰退期的时点是不同的，市场上存在着各种不确定性风险，这导致了企业很难拿到全部或者理想的订单。所以，根据市场需求来考虑在每个年份主打哪些市场和产品，每年的侧重点不同所分配的广告份额也是不同的。

（二）可供销售的产品数量

可供销售的产品数量就是企业在指定的时间能够用来销售的产品数量，包括本期完工数量和期初库存数量。为了防止产销脱节，广告投放需要满足当前的产能和库存需求。

在投放广告前，计算不同的产品最大可供销售量，如表4-5所示。

表4-5　企业年度可供销售数量　　　　单位：件

产品	期初库存	本年产能	最大可供销售量
P1			
P2			
P3			
P4			

可供销售产品的数量对广告投入有着直接的影响。数量越多，需要投放的广告费也越多，因为需要拿到更多的订单，并将产品销售出去；相反，数量越少，只需要拿较少的订单，这时投入的广告费也比较少。

（三）现金

现金是企业不可或缺的重要资产，在一定程度上决定着企业能否持续经营下去。因为广告费的投入是以现金的形式支付，所以现金的约束是企业投放广告时需要重点考虑的因素，特别是后期随着产品种类的增加和市场的开放，总的广告费会越来越多，更需要重点关注。不能因为单纯想要拿大单，投入大额广告费，结果导致现金断流，那将得不偿失。

在考虑广告投入资金总额时需要结合企业当前的现金流量、近期可以收回的应收账款、近期需要支付的应付账款、本年的预算销售收入等因素进行综合考虑。

（四）利润空间

在编制预算时，企业预测了可以实现的目标利润。在本量利分析中，我们知道固定成本对企业目标利润有着重要影响。因为广告费用在固定成本中占有很大比重，所以，在预测广告费投入时，不能盲目追求广告费，可以适当有所保留以确保目标利润的实现。

三、确定各类产品在各个市场的广告投放金额

实际投放广告时，需要在各类产品各个市场下进行广告的投放，因此需要分别预测不同产品在不同市场中的广告费。

（一）根据订单分配规则确定各类产品在各个市场的最大销售订单

广告费投放与销售订单有关，每一笔销售订单都有对应的广告影响力（广告影响力为获取每笔销售订单所支付的最低广告费），投入的广告费要大于等于产品在该市场中每笔销售订单的广告影响力，故根据订单分配规则，确定最大销售订单即可。

（二）综合考虑广告投放的影响因素，预测广告费占最大销售订单收入的比例

在经营初期，企业持有的现金有限，同时面临厂房或设备投资支出、产品研发、市场开拓、材料采购等多项现金支出，因此需要谨慎预测广告费支出。在后续经营过程中，随着产品研发和市场开拓相继完成，进而市场对产品的需求量也大幅增加，意味着市场上的订单也会越来越多，然而，企业的产能是有限的，即便用高额的广告费可以获得大部分甚至全部订单的选择权，也无法全部按时交货，反而可能会面临支付违约金的风险。另外，广告费属于销售费用，最终会影响到企业利润的高低。因此，在预测广告费投入时，不能简单地按照15%的广告费比率去预测广告费总额，而是应该根据企业的需求和生产，以及后续市场开拓状态等情况进行调整，综合考虑广告投放的影响因素，不断探索和调整最适合企业经营的广告投放策略，选择最适合的广告费比率。

（三）根据最大销售订单收入和广告费比率确定产品在不同市场中的广告费

通过各类产品在各类市场中的最大订单收入和广告费比率相乘得到产品在不同市场中的广告费，并把广告费依次填入当年对应的产品市场下。

● **任务操作**

一、操作流程

市场广告投放流程见图4-7。

图4-7 市场广告投放流程

二、具体操作

市场广告投放只在每年的第一季度进行。在每个产品对应的不同市场填写投放的广告费金额，全部填写完后单击"投放广告"按钮。如果本年不进行广告投放，单击"跳过"即可。如图4-8所示。

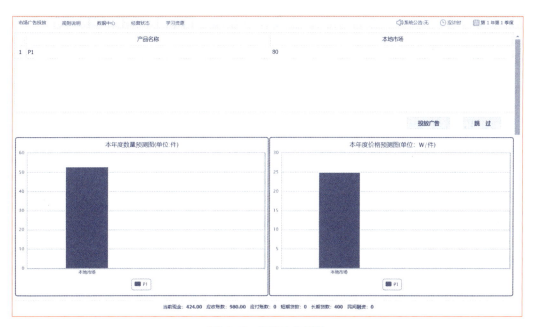

图4-8 市场广告投放

● **任务思考**

1. 在实际企业中，如何预测广告促销费用？

2. 在实际企业中，广告促销费用对公司营运有何影响？

任务三　竞标拿单

任务目标

● 能够根据企业战略目标、销售预算、生产预算以及广告费投放情况，选择合适的订单。

任务背景

广告费投入以后，企业可以进行订单的选择。这里的订单等于客户需求，订单的质量就等于客户的质量，而企业的发展离不开客户需求，选择什么样的订单也就意味着客户的品质已经确定，今年的销售业绩也已经确定。所以，如何在众多订单中选择合适的订单也是企业实现战略目标的重要一环。

任务分析

实训中，订单的选择和数量、订单价格、到账期限、交货期有关，需要对这四个因素的重要程度进行排序，按照顺序选择企业需求的订单。除此之外，还需要了解竞标拿单的规则，避免错过好的订单。

一、了解竞标拿单的规则

（1）投放的广告在广告影响力范围内才能选单成功。

（2）每年只能选单一次，只有第一季度才可以进行销售订单的选择。

（3）订单选择完毕后，需要点击"结束选单"按钮。

（4）加急订单必须在当季度交货，其他订单只要在本年度交货即可。若没在规定时间内交单，则需要支付违约金，违约金支付完成后，订单自动取消。

二、分析影响订单选择的因素

广告投放后会面临销售订单的选择，只有投放的广告在广告影响力范围内才能选单成功。订单的优劣除了和数量有关之外，还与订单价格、到账期限、交货期限相关。在众多的订单中选择合适的订单时，需要进行以下考虑。

首先，根据本量利的敏感性分析，可以对销售数量和价格按照对目标利润从大到小的影响排序，若销售数量影响最大，那么在选择订单时应该优先考虑销售数量，使得数量满足预测的销售数量；若价格影响最大，那么在销售数量满足当前可提供的产品销售数量的前提下，优先选择价格合适的。

其次，需要考虑订单的账期和交货期。在资金流动可满足经营的前提下，计算可满足的最大经营期限，这时订单的交货期和账期之和需要在最大经营期限内。

再次，对于加急的订单，必须在每年的第一季度完成交货。在选择加急订单前，企业要充分考虑是否有能力在限期内交货。如果没有能力在第一季度交货，则放弃选择加急订单，否则将面临罚款。企业选择的所有订单都必须在交货期内交货，超过交货期，订单取消且面临罚款，得不偿失。

最后，对于有 ISO 认证要求的订单，一般该订单的产品单价会相对较高，但是，需要企业完成认证后才可以选择该订单，所以企业在选择该类订单时要综合考虑是否能在交货期内完成相应认证。

三、选择策略

（1）首先要确定可供选择的订单范围，对于投放的广告不满足广告影响力的订单，直接放弃选择。

（2）所选择的订单要满足交货期限需求。

（3）在满足条件（2）的情况下，优先选择数量价格满足预算需求且订单账期在 2 个季度以内的订单。

（4）在满足条件（1）的需求下，如果数量和价格与预算相差太大，若资金充足，且销售数量对目标利润的影响大于销售单价，优先选择数量满足预算需求的订单；若资金充足，且销售数量对目标利润的影响小于销售单价，优先选择单价满足预算需求的订单。

任务操作

一、操作流程

竞标拿单流程见图 4-9。

图 4-9　竞标拿单流程

二、具体操作

单击订单选择区的相应订单号前面的方框，然后单击下面的"选择订单"按钮，即完成了相应订单的选择。所有订单选择完毕后，单击"结束选单"即可，如图 4-10 所示。

图 4-10　选择订单

任务思考

1. 在实际企业中，如何选择优质客户？考虑的因素有哪些？
2. 在实际企业中，选择优质客户后，如何维持并提高客户质量？

任务四　产品下线入库

任务目标

● 能够根据企业生产预算数据及当前实际经营情况，安排产品下线入库，支付直接人工费。

任务背景

经过前面的投料生产，结合不同生产线的生产周期要求，需要在本季度对生产周期结束的产品进行下线入库。同时，支付完工入库产品的直接人工费。生产线上的完工产品下线入库后，可以安排后续投产计划。

任务分析

在实训中，首先需要了解产品下线入库的规则，避免产品下线入库失败或操作不成功；其次需要了解产品下线入库的注意事项，及时关注盘面的变化；最后了解产品下线入库对经营中的其他任务有何影响。

一、了解产品下线的规则

（1）生产进度显示全部完成后，产品下线入库并支付人工费。

（2）生产线上只能生产一批产品，该批产品下线后才能投产下一批产品。

（3）产品于生产周期结束后的下一季度下线入库，例如手工线上的产品于第一季度投产，则下线入库时间为第四季度。

（4）在"生产进度"中，红色表示完工，绿色表示在产。

二、产品下线入库的注意事项

进入产品下线入库任务界面，查看每条生产线的生产进度，如果该条生产线的任务进度对应的小球均为红色，表示该条生产线上的产品已经完工，可以下线入库了。单击"入库"按钮，即完成了完工产品的入库，并提示支付完工产品直接人工费的金额。根据各生产线的类型、生产进度以及附录一中附表1-4人工信息表，可以计算出当季完工产品入库应支付的直接人工费。

完工产品入库后，该任务界面只留下了在制品及其所对应的生产线，通过在制品生产线的任务进度对应的绿色小球的数量，可以判断在制品还有几个季度才能完工。

三、产品下线入库的影响

（一）对交货给客户的影响

产品下线入库成功之后，扩大了产品的库存量，使获取的订单尽快交货。

（二）对投入生产的影响

产品下线入库成功之后，生产线若有空闲，才能进行转产和投产等操作。

（三）对现金的影响

产品下线入库之后，现金支付人工费用，减少了现金的可使用额度。

● 任务操作

一、操作流程

产品下线入库流程见图4-11。

图4-11　产品下线入库流程

二、具体操作

单击进入"产品下线入库"任务界面，单击"入库"按钮即完成了完工产品的入库，系统自动弹出"支付人工费"窗口，单击"确定"即可。如果本期没有完工产品，单击"跳过"按钮即可。产品下线入库界面见图 4-12。

图 4-12　产品下线入库

任务思考

若想产品完工入库后支付的直接人工费与直接人工预算里面的直接人工费一致应该如何安排企业的运营？

任务五　材料采购

任务目标

- 能够根据生产预算和直接材料预算，合理安排材料采购计划。
- 能够根据材料到货周期合理安排材料入库。

任务背景

企业产品的生产离不开材料，材料数量直接影响企业生产产品的数量和期末存货的数量，材料价格直接影响产品的生产成本和销售成本，若材料采购不及时或单价过高，都会对企业经营有着重大影响。如何以合适的单价采购合适数量的材料，既能满足生产需求，又能控制期末存货成本，是企业需要考虑的问题。

任务分析

在实训中，首先我们需要了解企业材料采购的规则，便于我们在遇到问题时及时调整到利于企业发展的方向；其次我们需要了解材料采购对产品成本、产能和资金的影响，在材料采购中尽量避免风险；最后根据我们综合了解的信息，在材料采购时选择合适的数量和价格，不影响企业的生产发展。

一、了解材料采购规则

（1）可以在采购计划下达时选择"普通采购"或者"加急采购"。如图 4-13 所示。

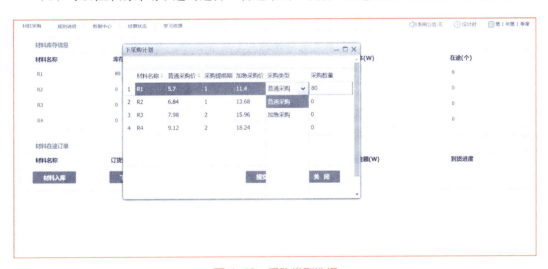

图 4-13 采购类型选择

（2）每季度"普通采购"和"加急采购"只能选择一个采购一次。

（3）账期是从材料到货开始计算。比如，第一季度采购 R3 材料 60 个，R3 到货周期是 2 个季度，因此 R3 在第三季度到货，因为账期是 1 个季度，故在第四季度支付货款。

二、预测材料采购风险

（一）采购价格风险

在企业经营过程中，材料采购时的单价为不可控的因素，实际采购时可能与预算材料单价不一致，材料单价的不可控导致产品成本不稳定。那么，如何把产品成本控制在预算的范围内呢？

根据本量利分析中的敏感性分析，计算出变动成本对目标利润的影响程度，通过测算得出变动成本在哪个范围内变动对目标利润的影响最小，同时在实际运营过程中，需要把材料的单位变动成本控制在对目标利润影响最小的变动成本范围内。而材料领用的单位变动成本通过期末加权平均法确定，与材料购买到货的数量有关，因此，在每次购买时若材料单价符合预算标准时，可以超量购买，超过的数量尽量低于预算量的20%，同时修改下一季度的材料预算数据，使得预算和经营在最大程度上相符合。

（二）生产风险

材料采购有到货周期，不同的材料采购到货周期不同，具体的材料采购信息如附录一中附表1-6所示。因此，在采购时间安排上要考虑材料的到货周期，提前1个季度或者2个季度采购材料，否则可能导致生产滞后，订单不能及时交货，产生违约金，或者进行加急采购，导致产品成本增加。在采购数量安排上要结合期初材料库存量、本期到货量以及本期投产需要量等进行分析，具体材料数据信息如表4-6所示。否则可能导致材料库存不足无法满足生产需求或者材料库存过大产生库存费用而影响利润目标的实现。

表4-6 季度材料信息表　　　　　　　单位：件

材料	期初库存量	本期在途量	本期到货量	本期投产需要量
R1				
R2				
R3				
R4				

（三）资金风险

材料采购的数量不同，相应的付款账期也不同，材料付款信息如附录一中附表1-7所示。若企业在经营过程中有资金压力，在材料价格符合制定的标准成本材料价格时，可以增加采购数量、延长付款期限以减缓资金压力。

三、材料采购风险应对策略

（一）建立风险控制意识

为了高度防范风险，必须建立风险意识。结合企业的实际情况，制定符合企业发展的风险应对方案，使得风险发生时能及时做出反应应对风险，从而避免各种风险发生对企业造成的损失。

（二）规避法

企业进行材料采购时，为避免短期内因不能负担材料采购成本而进行贷款导致的资金成本的提高，或避免现阶段占用大量流动资金影响资金的使用成本，可以增加材料采购的数量以延长付款期限。

（三）降低法

企业在采购材料时，若材料价格下跌，低于材料预算成本，可以增加材料采购数量；若材料价格上涨，可以减少材料采购数量，同时，材料的采购数量要能满足下期产品的生产。

四、材料采购和入库的注意事项

在材料采购界面可以看到材料库存信息和材料在途订单。材料库存信息里面可以看到当前的材料库存数量、成本单价、库存成本以及在途数量。

单击"下采购计划"按钮，弹出当季度的材料采购计划基础信息，包含材料名称、普通采购价格、采购提前期、加急采购价格、采购类型和采购数量，根据企业当前资金状况、生产计划、材料库存量以及直接材料预算等数据，选择合适的采购类型，填写合适的采购数量。填写完成后单击"提交订单"即可。

材料在途订单里可以看到材料的订货量、订货单价、订货金额以及到货进度。对于到货进度下均为红色小球对应的材料，表示该材料已经到货，单击"材料入库"，即完成了已经到货材料的入库。

● 任务操作

一、操作流程

材料采购流程见图 4-14。

图 4-14　材料采购流程

二、具体操作

进入"材料采购"任务界面，单击"材料入库"按钮，完成到货材料的入库。如图 4-15 所示。

单击"下采购计划"按钮，选择采购类型，填写材料的采购数量，然后单击"提交订单"即可。如图 4-16 所示。

图 4-15　材料入库

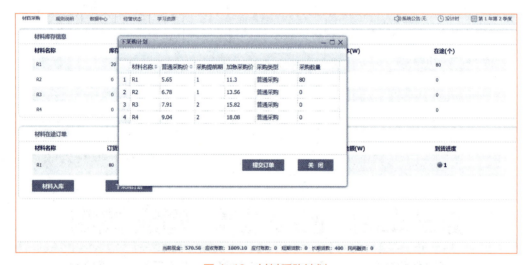

图 4-16　材料采购计划

任务思考

1. 若材料单价高于预算材料单价，结合实例具体分析如何操作。

2. 若材料单价低于预算材料单价，结合实例具体分析如何操作。

3. 在实际企业中，采购材料时，如何确保价格最优？

任务六　投入生产

任务目标

● 能够根据生产预算和生产计划，合理安排产品投产计划。

任务背景

企业已经制定了生产战略和生产预算，进行了厂房和生产线的投资，采购了生产所需的原材料。接下来，企业要结合每条生产线的生产周期、周期产量、当前生产状态以及材料库存情况，根据生产计划合理安排投产。

任务分析

在实训中，按照生产计划进行投产操作，需要了解投入生产的任务规则和注意事项，避免投入生产操作失败或者操作失误，引起操作风险。

一、了解投入生产任务规则

（1）投入生产时需要确保材料充足，才能成功投产。

（2）生产线若要转产，必须在投入生产之前完成转产。

（3）可以按照空闲生产线多次操作投入生产。

（4）如果产品库存充足不需要生产，则直接单击"跳过"即可。

二、投入生产的注意事项

在投入生产的任务操作界面，可以看到企业当前处于空闲状态的每条生产线以及每条生产线对应生产的产品。根据企业的生产预算、材料库存量以及每条生产线的类型、周期产量等信息进行投产安排。

如果要对相关生产线进行转产，可以通过特殊任务里的"生产线转产"，选择要转产的生产线和转产的产品。因为不同生产线转产要支付相应的转产费，所以在相同产能情况下，可以优先选择转产费低的生产线进行转产。转产完成后，重新回到投入生产任务界面，选择要投产的生产线，单击"开始生产"。如果本季度没有生产计划，则单击"跳过"即可。

任务操作

一、操作流程

投入生产流程见图 4-17。

图 4-17　投入生产流程

二、具体操作

单击"投入生产"任务界面，选择要投产的生产线，单击"开始生产"。如果本季度没有生产计划，则单击"跳过"即可。如图4-18所示。

如果要对相关生产线进行转产，则单击特殊任务里的"生产线转产"，依次选择要转产的生产线和转产的产品，然后单击"生产线转产"。如果要对多条生产线进行转产，重复操作即可。如图4-19所示。

图4-18　投入生产

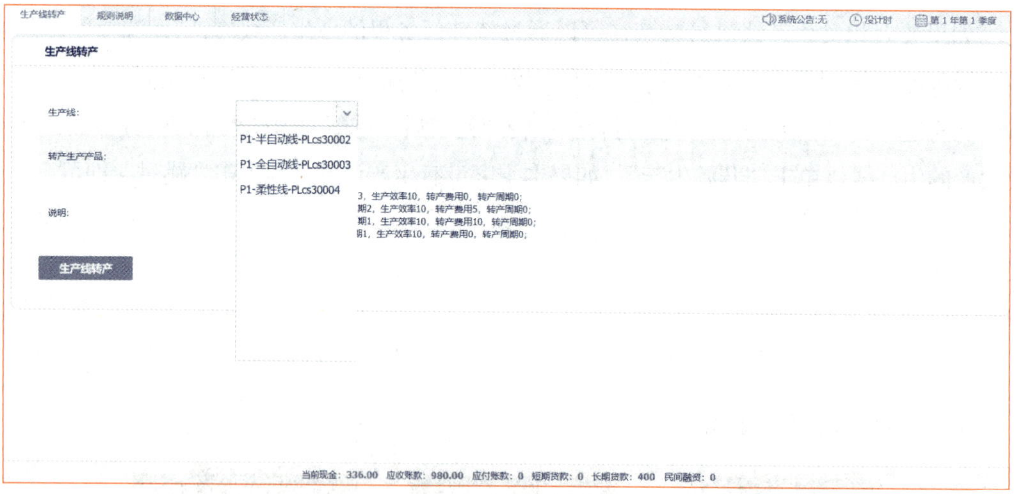

图4-19　生产线转产

任务思考

1. 如果投产时发现材料不足，请结合实例具体分析，应该放弃投产还是选择加急材料采购？

2. 在实际企业中，在进行产品生产时应该注意哪些风险？

任务七　交货给客户

● 任务目标

- ● 能够根据企业的销售战略和销售预算，合理安排订单交付顺序。

● 任务背景

在前面的竞标拿单任务中，企业已经拿到了各产品的销售订单。其中，每个订单的数量、单价、货款账期和条件是不同的。特别是对于加急订单，必须在第一季度就完成交货，否则将会支付相应的违约金。因此，企业在交货给客户时，要综合考虑每个订单的质量及条件要求，结合具体产品库存及在制情况，按照一定的顺序完成交货。

● 任务分析

在实训中，通过了解交货规则和交货策略顺利完成任务，避免出现违约订单而支付违约金。

一、了解交货任务规则

（1）在交货过程中，选择销售订单，单击"交货"按钮即可。

（2）如果产品库存数量大于等于订单数量，就允许交货；否则就不允许交货。

（3）当季度未交货的加急订单将产生违约金，违约金是订单金额的25%（保留两位小数）；除加急订单外，第四季度末未交货的所有订单将产生违约金，违约金是订单金额的25%（保留两位小数）。

（4）分批交货是按订单分多次交货，在一个季度内可以多次操作。

（5）确定本季度不再交货时，单击"结束交货"。

二、交货策略

每季度交货给客户时，查看当前产品实际库存情况，对于订单数量大于当前季度实际库存的订单，直接放弃在本季度交货。

对于加急订单，每年的第一季度优先进行交货，以避免违约风险。对于非加急订单，要根据企业当前的经营现状区分对待。比如，在企业经营初期，现金持有量不足，各项付现支出较多，到期应收账款不能弥补到期应付账款需求。此时，应该把货款账期作为安排交货顺序的首要考虑因素，优先选择货款账期少的订单交货，以便及时收回货款，弥补现金的不足。如果企业在后续经营过程中资金充足，流动资产能够满足流动负债的需求，此时，可以把订单的数量和总计金额作为安排交货顺序的首要考虑因素，在库存满足的情况下，尽量完成更多订单的交货。

任务操作

一、操作流程

交货给客户流程见图4-20。

图4-20　交货给客户流程

二、具体操作

进入"交货给客户"任务界面，选择想要交货的订单，单击"交货"；如果本季度的库存量无法满足当前的订单，则点击"结束交货"即可。已经完成交货的订单不再显示在交货任务界面，到期没有完成交货的订单在单击"结束交货"时会提示支付违约金，未完成交货的订单自动取消，不再显示。如图4-21所示。

	订单号	接订单年	市场	产品	数量	价格	总计金额	货款账期	条件
1	B192B1P1202104190 1		本地市场	P1	17	23.99	407.83	0	
2	B192B1P1202104190 1		本地市场	P1	23	23.51	540.73	2	
3	B192B1P1202104190 1		本地市场	P1	9	22.33	200.97	4	
4	B192B1P1202104190 1		本地市场	P1	4	21.85	87.40	1	

产品库存信息
1.产品：P1,库存：70,在制：40;
2.产品：P2,库存：0,在制：0;
3.产品：P3,库存：0,在制：0;
4.产品：P4,库存：0,在制：0;

当前现金：336.00　应收账款：900.00　应付账款：0　短期贷款：0　长期贷款：400　民间融资：0

图4-21　交货给客户

任务思考

1. 在不同经营年度，企业安排各季度的交货订单顺序时，首要考虑的因素相同吗？

请结合实例具体分析。

2. 在实际企业中，进行交付产品时应注意哪些风险？

任务八　支付应交税费

● **任务目标**

- 能够根据企业实际经营情况，完成上年度企业所得税的支付。

● **任务背景**

企业所得税是对企业的生产经营所得和其他所得征收的一种所得税。企业所得税的计税依据是应纳税所得额，也就是企业每一纳税年度的收入总额减去不征税收入、免税收入、各项扣除以及允许弥补的以前年度亏损后的余额。在实训中，支付的应交税费指的是企业上一年度的企业所得税，即企业上一年度的利润总额乘以企业所得税税率后的金额。

● **任务分析**

一、了解支付应交税费任务规则

（1）每年年初支付上一年的企业所得税（不考虑增值税、城市维护建设税等税金及附加）。

（2）企业所得税的法定税率为 25%。

（3）若前期亏损，需要弥补前五年的亏损，然后根据税前利润乘以 25%，计算结果四舍五入保留两位小数。

二、支付应交税费的注意事项

在系统中，支付的应交税费指的是上一年度的企业所得税。进入"支付应交税费"任务界面，可以看到上年度的营业收入以及上年度的利润总额，也可以通过查找辅助信息里的财务报表，找到利润表上年度的企业所得税。根据任务规则，上年度的企业所得税要在下一年的第一季度完成支付。单击"交税"按钮，即完成了应交税费支付任务，企业的现金也会相应减少。如果上一年的税前利润小于等于零，则本年第一季度支付的应交税费为 0，即不需要支付现金。

对于企业前期发生的亏损，从企业实现盈利的当年开始，首先弥补前五年的亏损，然后用剩余的利润乘以企业所得税税率计算出当年企业所得税，即应交税费金额并在下一年的第一季度支付。

任务操作

一、操作流程

支付应交税费流程见图 4-22。

图 4-22　支付应交税费流程

二、具体操作

在每年的第一季度，进入"支付应交税费"任务界面，单击"交税"按钮，就完成了支付应交税费任务，如图 4-23 所示。

图 4-23　支付应交税费

任务思考

对于企业因订单没有按时交付而支付的违约金，是否可以在计算企业所得税前扣除？请说明原因。

任务九　应收应付账款

任务目标

● 能够根据企业的材料采购计划，完成应付账款的支付。
● 能够根据企业的销售订单完成情况，完成应收账款的收取。

任务背景

在材料采购任务中，企业下达了材料采购计划。根据任务规则，每一年每一季的材料采购单价是不同的，而材料的付款账期因为材料的采购数量不同也有所不同。因此，企业需要合理利用材料的采购价格和采购数量，尽量减少应付账款的金额，延长应付账款的账期，以减轻资金支付压力。同时，在选择交货订单时，尽量优先选择回款账期短的订单，以便及时收回货款，补充流动资金。

任务分析

一、了解应收应付账款任务规则

（1）只显示当年的应收应付账款。

（2）当期没有应收应付账款时，不需要进行操作。

（3）账期为0的应收应付账款需要当季收取支付。

二、接受/支付应收应付账款的注意事项

根据材料采购订单信息，可以查到企业每年的材料到货时间、采购金额以及对应的到货账期，从而汇总计算出企业当季不同账期的应付账款金额，也可以通过查询企业经营状态盘面上的应付账款，查看企业当前的应付账款金额及对应的账期。同时，通过查询企业经营状态盘面上的应收账款，查看企业当前的应收账款金额及对应的账期。对于账期为0的应付账款和应收账款，将在本季度完成支付或收款。

进入"应收应付账款"任务界面，可以看到当年企业应收账款的明细和应付账款的明细。其中，账期为0的应收账款和应付账款，分别在本季度应收账款和本季度应付账款中显示，对于账期大于0的应收应付账款则对应显示在未收应收账款明细和未付应付账款明细中。单击"接受/支付"按钮，自动弹出本季应收账款和应付账款的差额，相应的企业的现金、应收账款和应付账款也会随之发生改变。

任务操作

一、操作流程

应收应付账款流程见图4-24。

单击"应收应付账款" → 查看任务规则 → 单击"接受/支付"应收应付账款

图4-24 应收应付账款流程

二、具体操作

进入"应收应付账款"任务界面，单击"接受/支付"按钮，系统提示本季应收账款和应付账款的差额，相应的企业的现金、应收账款和应付账款金额会发生变化。如图4-25所示。

图 4-25　接受／支付应收应付账款

任务思考

在企业现金不足且不能借款融资时，如何筹集现金保证企业的运营？

任务十　支付相关费用

任务目标

● 能够根据企业的实际生产经营情况，完成各项费用的支付。

任务背景

经过一年的生产经营，需要根据企业的实际经营情况，结合任务规则，计算本年发生的库存费、维修费、水电费以及车间管理人员工资。

任务分析

一、了解支付相关费用任务规则

（1）每年第四季度现金支付库存费、维修费、水电费和车间管理人员工资。

（2）当年新增的厂房和设备不考虑维修费，水电费、车间管理人员工资按全年计算。

二、支付相关费用的注意事项

相关费用包含库存费、维修费、水电费、车间管理人员工资。其中，库存费属于管理费用项目，需要根据附录一中附表 1-9 库存费基本信息以及企业的年末材料和产品的库存数量进行计算；维修费、水电费和车间管理人员工资属于制造费用项目，需要根据附录一中附表 1-10 厂房 / 生产线费用明细表以及企业的实际厂房和生产线数量进行计算。

通过查询经营状态盘面，可以得到企业当前的库存材料数量以及产品数量，也可以通过查询辅助信息里面的原料库存信息和产品库存信息得到材料和产品的年末库存量，根据任务规则，可以计算出企业年末的实际库存费用。

通过查询经营状态盘面，可以得到企业当前的厂房类型和数量，以及生产线类型和数量，根据任务规则，可以计算出实际的维修费、水电费以及车间管理人员工资。计算时要注意，当年新购入的厂房和生产线是不需要支付维修费的。

● 任务操作

一、操作流程

支付相关费用流程见图 4-26。

单击任务列表中的"支付相关费用" → 查看任务规则 → 单击"支付相关费用"

图 4-26　支付相关费用流程

二、具体操作

单击"支付相关费用"按钮，即完成当年的库存费、维修费、水电费以及车间管理人员工资的支付。如图 4-27 所示。

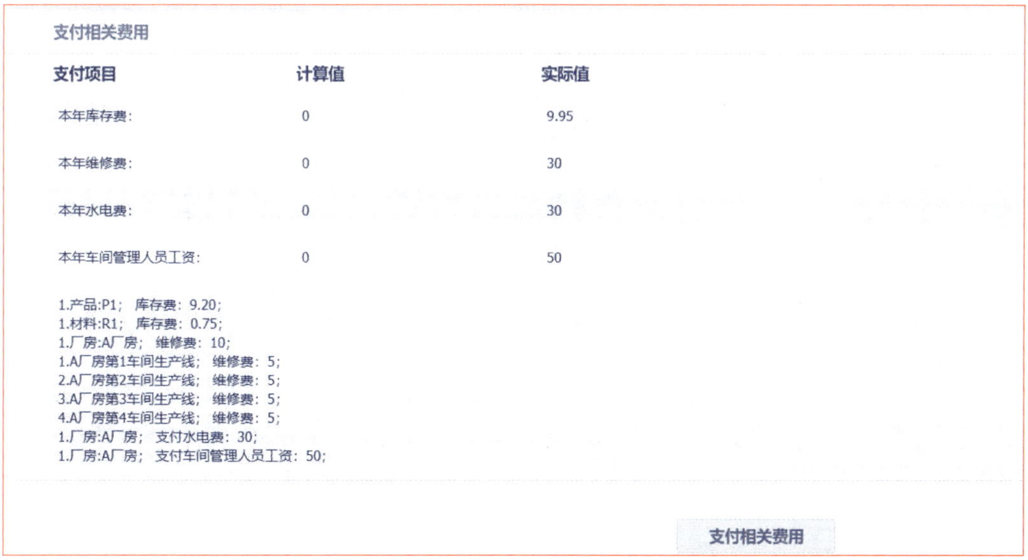

支付项目	计算值	实际值
本年库存费：	0	9.95
本年维修费：	0	30
本年水电费：	0	30
本年车间管理人员工资：	0	50

1.产品:P1；库存费: 9.20;
1.材料:R1；库存费: 0.75;
1.厂房:A厂房；维修费: 10;
1.A厂房第1车间生产线；维修费: 5;
2.A厂房第2车间生产线；维修费: 5;
3.A厂房第3车间生产线；维修费: 5;
4.A厂房第4车间生产线；维修费: 5;
1.厂房:A厂房；支付水电费: 30;
1.厂房:A厂房；支付车间管理人员工资: 50;

支付相关费用

图 4-27　支付相关费用

如果相关费用的预算值与实际值相差较大，造成差异的原因主要有哪些？请结合实例具体分析。

任务十一　计提折旧

任务目标

● 能够根据任务规则以及企业厂房和生产线的实际情况，正确计提每年的折旧。

任务背景

固定资产的折旧是指在固定资产的预计使用寿命期限内，按照事先确定的方法对应计折旧额进行的系统分摊。每年年末，企业需要根据当年的固定资产折旧范围，结合任务规则，对相关固定资产计提折旧。

任务分析

一、了解折旧任务规则

（1）生产线安装完成当年不计提折旧（无安装周期），厂房购买当年不计提折旧。

（2）随着生产线和厂房使用年限的增加，生产线和厂房会出现贬值，为方便计算，年折旧率一致为33%，表4-7为折旧信息表。

表4-7　厂房/生产线折旧信息表

厂房/生产线	折旧率	折旧额
A厂房		
B厂房		
C厂房		
手工线	33%	折旧额＝厂房或生产线净值×折旧率（四舍五入后取整）
半自动线		
全自动线		
柔性线		

二、计算折旧

在系统中，固定资产的折旧范围主要是厂房和生产线。无论是厂房还是生产线，统一采用相同的折旧率。随着生产线和厂房使用年限的增加，生产线和厂房会出现贬值。因此，系统采用加速折旧法，同时为了方便计算，在每年年末计提折旧时，用当年年末的厂房和生产线的净值乘以折旧率来计算每年的折旧额。

通过查询企业经营状态盘面，在设备价值区可以得到当前年度每条生产线的净值，在厂房区域可以得到每个厂房的净值。用每条生产线的净值乘以折旧率33%，计算结果四舍五入取整数，就得到了每条生产线的折旧额。用同样的方法可以计算每个厂房的折旧额。计算过程中要注意，当年新增的厂房和生产线不计提折旧。

任务操作

一、操作流程

折旧流程见图4-28。

单击任务列表中的"折旧" ➡ 查看任务规则 ➡ 单击"折旧"

图4-28　折旧流程

二、具体操作

进入"折旧"任务界面，单击"折旧"按钮，即完成本年度计提折旧任务，如图4-29所示。

折旧			
折旧分类	折旧项目	计算值	实际值
生产线折旧	A厂房第1车间生产线	0	2
厂房折旧	A厂房	0	21
生产线折旧	A厂房第2车间生产线	0	3
生产线折旧	A厂房第3车间生产线	0	5
生产线折旧	A厂房第4车间生产线	0	8

1A厂房第1车间生产线；折旧：2；
1.厂房：A厂房；折旧：21；
2A厂房第2车间生产线；折旧：3；
3A厂房第3车间生产线；折旧：5；
4A厂房第4车间生产线；折旧：8；

折旧

图4-29　计提折旧

任务思考

1. 当年变卖的厂房和生产线是否需要计提折旧？

2. 根据系统规则，如果企业对某条生产线进行了转产，会影响该生产线的年折旧额吗？

任务十二　市场开拓

任务目标

● 能够根据企业战略规划，完成所需市场的开拓。

任务背景

从企业背景可以知道，当前，企业只有一种产品 P1，并且只在本地市场销售。通过市场分析可以看出，从第二年开始 P1、P2 产品有区域市场需求量，后续 P1、P2、P3、P4 产品陆续会有国内市场、亚洲市场以及国际市场需求量。因此，需要企业根据自身战略规划，做好市场开拓计划，完成市场开拓任务。

任务分析

一、了解市场开拓的任务规则

（1）市场开拓时，一次性选中需要开拓的市场进行开拓，未选中的市场不能进行再次开拓。

（2）市场开拓不能加速，开拓完毕次年即可进行产品销售。

市场开拓信息表见表 4-8。

表 4-8　市场开拓信息表

市场	开拓周期	开拓费用
区域市场	1 年	100 万元 / 年
国内市场	2 年	100 万元 / 年
亚洲市场	3 年	100 万元 / 年
国际市场	4 年	100 万元 / 年

二、市场开拓的注意事项

从市场分析可以看出，各产品在不同年份不同市场上的需求量是不同的，具体数据如表4-9所示。

表 4-9　市场需求量汇总表　　　　　　　　单位：件

年份	市场	P1	P2	P3	P4
第1年	本地	53			
	区域				
	国内				
	亚洲				
	国际				
第2年	本地	53	40	27	
	区域	27	40		
	国内				
	亚洲				
	国际				
第3年	本地	51	40	28	
	区域	27	39	27	
	国内	40	40	27	
	亚洲				
	国际				
第4年	本地	47	38	28	
	区域	24	37	27	27
	国内	40	39	28	
	亚洲	40	40	27	
	国际		40		
第5年	本地	42	35	29	27
	区域	19	33	28	27
	国内	37	36	28	27
	亚洲	39	39	28	27
	国际	53	39		

第一年只有P1产品，并且只有本地市场。进入第二年以后，产品需求量从本地市场扩大到了区域市场，产品的需求也从单一产品P1变成了P1、P2和P3。根据系统规则，

每个市场的开拓周期是不同的，从区域市场一直到国际市场依次递增，市场开拓不能加速，市场开拓完成的次年就可以在相应市场上进行产品销售。因此，如果企业想在第二年获得区域市场的订单，必须在第一年就进行区域市场开拓。国内市场从第三年开始出现订单，并且国内市场的开拓周期是 2 年，如果企业想在第三年获得国内市场订单，必须从第一年开始就进行国内市场的开拓。同样，如果企业想在第四年获得亚洲市场的订单，第五年获得国际市场的订单，结合亚洲市场和国际市场的开拓周期，企业必须从第一年就开始开拓亚洲市场和国际市场。

因此，从扩大市场占有率来看，企业越早进行市场开拓越好。同时，也要综合考虑自身的销售战略、产品研发计划、生产战略以及广告投入等情况进行合理安排。如果企业产能有限，盲目进行市场开拓也是不可取的。

任务操作

一、操作流程

市场开拓流程如图 4-30 所示。

图 4-30　市场开拓流程

二、具体操作

进入"市场开拓"任务界面，选择要开拓的市场，点击"市场开拓"按钮即完成了本季度的市场开拓任务，本年度市场开拓状态的绿色小球变成了红色，同时系统提示要支付的市场开拓费用。如果本季度不需要进行市场开拓，单击"跳过"即可。如图 4-31 所示。

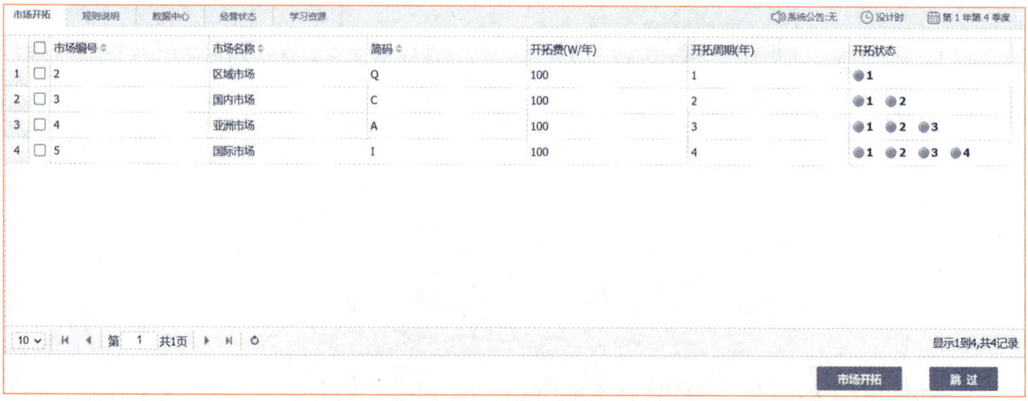

图 4-31　市场开拓

任务思考

在实际企业中，开拓新市场时应考虑哪些因素？有何风险？

任务十三 ISO 认证

任务目标

- 能够根据企业战略目标，结合市场需求分析，做出合理的 ISO 认证计划。

任务背景

通过竞标拿单可以得出不同订单的数量、价格以及条件是不同的。其中，有一部分订单则要求有相应的 ISO 认证。只有企业完成了对应的 ISO 9000 或 ISO 14000 认证，才可以拿到这部分订单，这意味着企业有更多的订单选择机会，亦可以拓宽市场，提升市场占有率。

任务分析

一、了解 ISO 认证的任务规则

（1）ISO 9000，ISO 14000 认证完成后，可以参与带有 ISO 9000 或 ISO 14000 认证要求的订单选择。

（2）ISO 认证不能加速。ISO 认证信息表如表 4-10 所示。

表 4-10 ISO 认证信息表

认证	认证周期	认证费用
ISO 9000	2 年	50 万元 / 年
ISO 14000	4 年	50 万元 / 年

二、ISO 认证的注意事项

从表 4-10 可以看出，两种 ISO 认证的周期不同，所以平均每年的认证费用也不同。根据系统规则，ISO 认证分为 ISO 9000 和 ISO 14000 认证两种，认证周期分别是 2 年和 4 年，只有完成了相应的认证才可以选择带有相应认证条件的订单。如果企业想在第 3 年就可以获得带有 ISO 9000 认证的订单，必须从第一年就开始进行 ISO 9000 认证。同样，

如果企业想在第 5 年就可以获得带有 ISO 14000 认证的订单，也必须从第一年就开始进行 ISO 14000 认证。

从提升市场占有率来看，企业越早进行 ISO 认证越好。同时，也要综合考虑自身的销售战略、生产能力、资金状况等情况进行合理安排。特别是在企业产能有限的情况下，如果不进行 ISO 认证，其他订单也能满足企业销售战略的话，是没有必要进行 ISO 认证的。

任务操作

一、操作流程

ISO 认证流程见图 4-32。

图 4-32 ISO 认证流程

二、具体操作

进入"ISO 认证"任务界面，选择要进行的 ISO 认证编号，单击"ISO 认证"按钮即完成本年度的 ISO 认证，ISO 认证的绿色小球变成了红色，同时系统提示要支付的认证费用。如果本年度不需要进行认证，单击"跳过"即可。如图 4-33 所示。

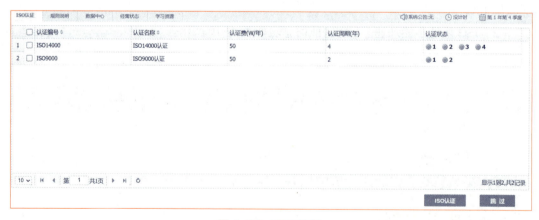

图 4-33 ISO 认证

任务思考

如果企业只能在国际市场开拓和 ISO 认证里面选择一项的话，选择哪一项更有利于企业利润的提升？请结合具体实例分析说明。

任务十四　决算报告

任务目标

- 能够根据实际经营数据计算决算目标。
- 能够通过比较的预算数据和决算数据进行差异分析，控制经营风险。

任务背景

决算报告，指根据年度预算执行结果而编制的年度会计报告，是预算执行的总结。决算报告是真实地反映企业财务状况和财务成果的综合性信息资料，同时反映企业全年的经营成果。企业须对预算数据和决算数据之间的差异分析原因，总结经验，吸取教训，及时采取措施，促进企业改善经营水平。

任务分析

一、了解决算报告的任务规则

（1）决算报告会在每年第四季度进行。企业根据实际经营数据，年末进行全面核算，对比分析预算完成情况、偏离预算的程度，进行业绩评定。

（2）若实际计算值与预算值相比上下浮动在 20%（包含 20%）之间，会获得相应的分数；超过 20%，会扣除相应分数（若这一项目没有预算和实际结算，则不得分）。

二、决算报告的注意事项

决算报告包括销售决算、生产决算、直接材料决算、直接人工决算、制造费用、销售费用决算、管理费用决算、产品成本决算、期末存货决算、现金决算、利润表以及资产负债表等 12 个决算项目，每个决算项目都包含了预算值、实际值、完成率以及相应得分。其中，每个决算项目的预算值、完成率和得分都由系统自动生成。实际值的填写有两种模式，可以根据实际经营数据计算填写，同时系统也可以根据实际经营数据自动生成。

（1）根据销售实际执行结果填写销售决算表（见表 4-11）。其中，预算值可以通过销售预算数据得到，实际值可以通过辅助信息里的签约订单信息计算获得。

表 4-11 销售决算表

产品	项目	预算值	实际值	完成率	得分
P1	销售量 / 件				
	销售收入 / 万元				
P2	销售量 / 件				
	销售收入 / 万元				
P3	销售量 / 件				
	销售收入 / 万元				
P4	销售量 / 件				
	销售收入 / 万元				

（2）根据生产实际执行结果填写生产决算表（见表 4-12）。其中，实际值可以通过辅助信息里的生产记录表计算获得。

表 4-12 生产决算表   单位：件

产品	项目	预算值	实际值	完成率	得分
P1	生产量				
P2	生产量				
P3	生产量				
P4	生产量				

（3）根据材料购买结果填写直接材料决算表（见表 4-13）。其中，实际值可以通过辅助信息里的采购订单信息计算获得。

表 4-13 直接材料决算表

材料	项目	第一季度		第二季度		第三季度		第四季度		完成率	得分
		预算值	实际值	预算值	实际值	预算值	实际值	预算值	实际值		
R1	采购量 / 个										
	采购金额 / 万元										
R2	采购量 / 个										
	采购金额 / 万元										

材料	项目	第一季度		第二季度		第三季度		第四季度		完成率	得分
		预算值	实际值	预算值	实际值	预算值	实际值	预算值	实际值		
R3	采购量/个										
	采购金额/万元										
R4	采购量/个										
	采购金额/万元										

（4）根据年度支付的人工费填写直接人工决算表（见表 4-14）。其中，实际人工费可以通过生产记录表以及附录一中附表 1-4 人工费用信息表计算获得。

表 4-14　直接人工决算表　　　　　单位：万元

产品	第一季度		第二季度		第三季度		第四季度		完成率	得分
	预算值	实际值	预算值	实际值	预算值	实际值	预算值	实际值		
P1										
P2										
P3										
P4										

（5）根据年度制造费用支付和计提结果填写制造费用决算表（见表 4-15）。其中，实际值可以通过查看营运管理里面的支付相关费用和折旧任务数据获得。

表 4-15　制造费用决算表　　　　　单位：万元

项目	预算值	实际值	完成率	得分
维修费				
水电费				
车间管理人员工资				
折旧费				

（6）根据年度销售费用支付结果填写销售费用决算表（见表 4-16）。其中，实际值可以通过辅助信息里的现金流量表相关数据计算获得。

表4-16　销售费用决算表　　　　　　　　　　　　　　单位：万元

项目	预算值	实际值	完成率	得分
广告费				
市场开拓费				

（7）根据年度管理费用支付结果填写管理费用决算表（见表4-17）。其中，实际值可以通过辅助信息里的现金流量表相关数据计算获得。

表4-17　管理费用决算表　　　　　　　　　　　　　　单位：万元

项目	预算值	实际值	完成率	得分
ISO 认证费				
产品研发费				
库存费				
转产费				
搬迁费				

（8）根据实际生产投产结果填写产品成本决算表（见表4-18）。其中，实际值可以通过辅助信息里的生产记录表计算获得；在制品的生产成本实际值可以通过经营状态页面厂房下的生产线查询获得；销售成本可以通过下列公式计算得到。

销售成本 = 年度产成品生产成本 + 期初产品成本 - 期末库存成本

其中，期初产成品成本等于上一年度的期末产成品成本，需要在上一年第四季度结束后通过辅助信息里的产品库存信息得到，期末库存成本通过查看辅助信息里的产品库存信息得到。产品成本决算表见表4-18。

表4-18　产品成本决算表

产品	项目	预算值/万元	实际值/万元	完成率/%	得分
P1	产成品生产成本				
	在制品生产成本				
	产品销售成本				
P2	产成品生产成本				
	在制品生产成本				
	产品销售成本				
P3	产成品生产成本				
	在制品生产成本				
	产品销售成本				
P4	产成品生产成本				
	在制品生产成本				
	产品销售成本				

（9）根据期末存货实际成本填写期末存货决算表（见表4-19）。其中，实际值通过辅助信息里的原材料库存信息和产品库存信息获得。

表4-19 期末存货决算表

项目	存货类型	预算数量	预算金额／万元	实际金额／万元	完成率／%	得分
R1	材料					
R2	材料					
R3	材料					
R4	材料					
P1	产成品					
P1	在制品					
P2	产成品					
P2	在制品					
P3	产成品					
P3	在制品					
P4	产成品					
P4	在制品					

（10）根据企业实际经营结果填写现金决算表（见表4-20）。其中，实际值通过辅助信息里的现金流量表获得。

表4-20 现金决算表　　　　　　　　　单位：万元

项目	第一季度		第二季度		第三季度		第四季度		完成率	得分
	预算值	实际值	预算值	实际值	预算值	实际值	预算值	实际值		
期初现金余额										
加：销售现金收入										
变卖资产										
本期现金收入合计										
直接材料										
直接人工										
变动制造费用										
变动非生产成本										
厂房车间管理人员工资										

项目	第一季度		第二季度		第三季度		第四季度		完成率	得分
	预算值	实际值	预算值	实际值	预算值	实际值	预算值	实际值		
固定性销售费用										
固定性管理费用										
贴现费用										
所得税										
设备及厂房购置										
支付借款利息										
偿还借款										
违约金										
现金支出合计										
现金余缺										
融资借款										
期末现金余额										

（11）根据实际执行结果填写利润表（见表4-21）。其中，实际值通过辅助信息中的财务报表获得。

表4-21 利 润 表 单位：万元

项目	预算值	实际值	完成率	得分
营业收入				
减：变动成本				
变动生产成本				
变动非生产成本				
变动成本总额				
边际贡献				
减：固定成本				
固定制造费用				
固定销售费用				
固定管理费用				
固定财务费用				
固定成本总额				
营业利润				

项目	预算值	实际值	完成率	得分
加：营业外收入				
减：营业外支出				
利润总额				
减：所得税费用				
净利润				

（12）根据实际执行结果填写资产负债表（见表4-22）。其中，实际值通过辅助信息里的财务报表获得。

表4-22　资产负债表　　　　　　　　单位：万元

项目	上年值	预算值	实际值	完成率	得分
流动资产					
货币资金					
其他应收款					
应收账款					
存货					
原材料					
在途物资					
在制品					
库存商品					
发出商品					
流动资产合计					
非流动资产					
固定资产原价					
土地和建筑					
机器和设备					
减：累计折旧					
固定资产账面价值					
在建工程					
非流动资产合计					
资产总计					

项目	上年值	预算值	实际值	完成率	得分
流动负债					
短期借款					
应付账款					
预收款项					
应交税费					
其他非流动资产合计					
流动负债合计					
非流动负债					
长期借款					
非流动负债合计					
负债合计					
所有者权益					
实收资本					
盈余公积					
未分配利润					
所有者权益合计					
负债和所有者权益总计					

● 任务操作

一、操作流程

决算报告流程见图 4-34。

图 4-34　决算报告流程

二、具体操作

决算报告中的计算数据都是根据实际经营结果产生的数额与数量，完成率和得分由系统自动计算得出。每完成一个决算任务表格都要单击"保存"，所有决算任务表格填写完成以后单击"完成决算"。

任务思考

1. 决算和预算之间的差异在哪个区间是合理差异？超过哪个区间是不合理差异？

2. 若决算和预算的差异过大，可能是什么原因引起的？应该怎么解决？请结合实例具体分析。

必备知识技能导图

```
成本管理 ─┬─ 标准成本管理 ─┬─ 标准成本的概念和制定 ─┬─ 标准成本的概念
         │                │                      ├─ 标准成本法的作用
         │                │                      └─ 标准成本的制定 ─┬─ 直接材料标准成本的制定
         │                │                                       ├─ 直接人工标准成本的制定
         │                │                                       └─ 制造费用标准成本的制定
         │                │
         │                ├─ 成本差异分析 ─┬─ 成本差异的种类 ─┬─ 价格差异与用量差异
         │                │               │                ├─ 预算差异与能量差异
         │                │               │                └─ 有利差异与不利差异
         │                │               │
         │                │               └─ 成本差异计算与分析 ─┬─ 直接材料成本差异的计算与分析
         │                │                                    ├─ 直接人工成本差异的计算与分析
         │                │                                    ├─ 变动制造费用成本差异的计算与分析
         │                │                                    └─ 固定制造费用成本差异的计算与分析
         │                │
         │                └─ 成本差异的账务处理 ─┬─ 成本差异核算账户
         │                                      ├─ 成本差异的归集
         │                                      └─ 期末成本差异的账务处理
         │
         └─ 作业成本管理 ─┬─ 概述 ─┬─ 产生的背景
                         │        ├─ 含义及相关概念
                         │        └─ 与传统成本控制的区别
                         │
                         └─ 作业成本法的实施 ─┬─ 实施步骤 ─┬─ 设立资源库，归集资源库价值
                                             │            ├─ 确认主要作业，设立相应作业中心
                                             │            ├─ 确定资源动因，将资源库价值分配到作业中心
                                             │            ├─ 选择作业动因，确定成本动因分配率
                                             │            └─ 计算作业成本和产品成本
                                             │
                                             ├─ 作业价值分析
                                             ├─ 作业预算编制
                                             ├─ 作业水平分析评价
                                             └─ 改善经营具体措施
```

5

任务一　标准成本分析

任务目标

● 能够根据预算数据和实际数据，按照标准成本法，计算成本差异。
● 能够根据计算的成本差异分析差异原因，控制成本支出。

任务背景

随着市场决定资源分配的宏观环境日益稳定，企业由传统生产型向生产经营型和开拓经营型转变。企业产品成本核算的目的由事后核算转变成为企业内部管理服务，从而切实提高企业的经济效益。如何预测、控制和分析营运过程中发生的成本，是企业经营模式转变、企业价值提升的重要环节。

标准成本是指企业在正常生产经营条件下应该实现的，可以作为控制成本开支、评价实际成本、衡量工作效率的依据和尺度的一种目标成本。标准成本是根据对实际情况的调查，采用科学方法制定的企业在现有的生产技术和管理水平上经过努力可以达到的成本。目前，企业决定通过标准成本的建立与分析，分析成本差异，找出差异原因控制企业成本。

任务分析

标准成本法是指通过制定标准成本，将标准成本和实际成本进行比较获得成本差异，并对成本差异进行因素分析，据以加强成本控制的一种会计信息系统和成本控制系统。它通过直接材料差异、直接人工差异、变动制造费用差异和固定制造费用差异四方面进行计算分析；同时，直接材料差异、直接人工差异、变动制造费用差异可分为价格差异和数量差异。固定制造费用是固定成本，不随业务量的变动而变动，其差异应分为能量差异和耗费差异。

一、根据预算和实际经营状况填写基础数据

基础数据包含预算时产品的产量、费用和工时，以及实际生产的产品的产量、实际材料耗用、实际人工、实际工时、实际变动制造费用和实际固定制造费用。所有的基础数据是为分析标准成本差异所准备。

（一）预算基础数据

预算基础数据可根据预算管理中的生产预算、直接人工预算和制造费用预算填写，详情见表5-1。

表 5-1　预算基础数据表

项目	P1	P2	P3	P4
预算产量 / 件				
预算工时 / 季度				
预算工时总消耗量 / 季度				
预算直接人工 / 万元				
预算变动制造费用 / 万元				
预算固定制造费用 / 万元				

（二）实际基础数据

实际基础数据可根据辅助信息的生产记录表、现金流量表及产品 BOM 表查找并计算得出，详情见表 5-2。

表 5-2　实际基础数据表

项目	P1	P2	P3	P4
实际产量 / 件				
实际直接人工 / 万元				
工时实际消耗量 / 季度				
材料实际消耗量 / 个				
材料实际消耗额 / 万元				
工时实际总消耗量 / 季度				
实际变动制造费用 / 万元				
实际固定制造费用 / 万元				

二、根据预算数据计算标准成本数据

按照预算的数据计算单位标准成本，包含直接材料单位标准成本、直接人工单位标准成本、变动制造费用单位标准成本和固定制造费用单位标准成本（见表 5-3）。

表 5-3　标准成本数据表

项目	P1			P2			P3			P4		
	数量因素	价格因素	标准成本	数量因素	价格因素	标准成本	数量因素	价格因素	标准成本	数量因素	价格因素	标准成本
R1												
R2												
R3												

项目	P1			P2			P3			P4		
	数量因素	价格因素	标准成本	数量因素	价格因素	标准成本	数量因素	价格因素	标准成本	数量因素	价格因素	标准成本
R4												
直接人工												
变动制造费用												
固定制造费用												

标准成本数据相关计算公式如下：

（一）直接材料单位标准成本

直接材料单位标准成本 = 标准价格 × 单位标准耗用量

其中，单位标准耗用量为表 5-3 中的数量因素，可根据 BOM 清单和人工信息（见附表 1-8）得出；标准价格为表 5-3 中的价格因素，可根据公式计算得出：标准价格 =（期初材料成本 – 期末材料成本 + 直接材料预算中预计本年采购且到货的材料采购金额）÷（期初材料数量 – 期末材料成本 + 直接材料预算中预计本年采购且到货的材料采购数量）

（二）直接人工单位标准成本

直接人工单位标准成本 = 标准工资率 × 单位标准工时

其中，单位标准工时为表 5-3 中的数量因素，标准工资率为表 5-3 中的价格因素，数量因素和价格因素都可根据预算基础数据表 5-1 的相关数据计算得出。

（三）变动制造费用单位标准成本

变动制造费用单位标准成本 = 变动制造费用标准分配率 × 单位标准工时

其中，单位标准工时为表 5-3 中的数量因素，变动制造费用标准分配率为表 5-3 中的价格因素，数量因素和价格因素都可根据预算基础数据（见表 5-1）的相关数据计算得出。

（四）固定制造费用单位标准成本

固定制造费用单位标准成本 = 固定制造费用标准分配率 × 单位标准工时

固定制造费用标准分配率 = 固定制造费用预算数 ÷ 预算工时

其中，单位标准工时为表 5-3 中的数量因素，固定制造费用标准分配率等同于表 5-3 中的价格因素，数量因素和价格因素都可根据预算基础数据表 5-1 的相关数据计算得出。

三、根据实际经营状况计算实际成本数据

按照实际的数据计算单位实际成本，包含直接材料单位实际成本、直接人工单位实际成本、变动制造费用单位实际成本和固定制造费用单位实际成本（见表 5-4）。

表 5-4 实际成本数据表

项目	P1			P2			P3			P4		
	数量因素	价格因素	标准成本	数量因素	价格因素	标准成本	数量因素	价格因素	标准成本	数量因素	价格因素	标准成本
R1												
R2												
R3												
R4												
直接人工												
变动制造费用												
固定制造费用												

实际成本相关数据计算公式如下：

（一）直接材料单位实际成本

直接材料单位实际成本 = 实际价格 × 材料单位实际耗用量

（二）直接人工单位实际成本

直接人工单位实际成本 = 实际工资率 × 单位实际工时

（三）变动制造费用单位实际成本

变动制造费用单位实际成本 = 变动制造费用实际分配率 × 单位实际工时

（四）固定制造费用单位实际成本

固定制造费用单位实际成本 = 固定制造费用实际分配率 × 单位实际工时

固定制造费用标准分配率 = 实际固定制造费用 ÷ 实际工时

其中，材料单位实际耗用量和单位实际工时为表 5-4 中的数量因素，实际价格、实际工资率、变动制造费用实际分配率和固定制造费用实际分配率为表 5-4 中的价格因素，数量因素和价格因素都可根据实际基础数据表（表 5-2）的相关数据计算得出。

四、根据预算和实际数据计算直接材料成本差异

直接材料成本属于变动成本，成本差异形成的原因包括价格差异和数量差异。其中，价格差异是实际价格脱离标准价格所产生的差异，数量差异是实际材料耗用量脱离标准材料耗用量的差异。直接材料成本差异见表5-5。

表5-5　直接材料成本差异

项目	R1	R2	R3	R4
实际数量／件				
实际价格／万元				
标准数量／件				
标准价格／万元				
数量差异／万元				
价格差异／万元				

表5-5中直接材料成本差异相关项目计算公式如下：

实际数量 = ∑某产品实际产量 × 某产品材料的单位实际耗用量

实际价格 = ∑（某产品实际产量 × 某产品材料的单位实际成本）÷ 实际数量

标准数量 = ∑某产品实际产量 × 某产品材料的单位标准耗用量

标准价格 = ∑（某产品实际产量 × 某产品材料的单位标准成本）÷ 标准数量

数量差异 =（实际数量 − 标准数量）× 标准价格

价格差异 =（实际价格 − 标准价格）× 实际数量

其中，某产品实际产量可从实际基础数据表（表5-2）中获得，某产品材料的单位实际耗用量和单位实际成本可从实际成本数据表（表5-4）中获得，某产品材料的单位标准耗用量和单位标准成本可从标准成本数据表（表5-3）中获得。

五、根据预算和实际数据计算直接人工成本差异

直接人工成本属于变动成本，成本差异包括直接人工工资率差异和直接人工工时耗用量（效率）差异。直接人工工资率差异是指实际工资率脱离标准工资率所产生的差异，直接人工工时耗用量（效率）差异是指实际人工工时耗用量脱离标准人工工时耗用量的差异。直接人工成本差异见表5-6。

表5-6　直接人工成本差异

项目	A-1	A-2	A-3	A-4	B-1	B-2	B-3	C-1
实际工时／季度								
实际工资率／（万元／季度）								

项目	A-1	A-2	A-3	A-4	B-1	B-2	B-3	C-1
标准工时／季度								
标准工资率／（万元／季度）								
效率差异／万元								
工资率差异／万元								

实训中，直接人工费用和各个车间的生产线相关，故直接人工成本差异的分类依据是车间生产线的类型，具体内容见表5-6，以下为表5-6直接人工成本差异相关项目的计算公式：

$$某生产车间实际工时 = 生产车间该生产线的生产工时之和$$

$$某生产车间实际工资率 = 生产车间该生产线的人工费之和 ÷ 实际工时$$

$$某生产车间标准工时 = \sum 生产车间该生产线某产品的实际产量 ×$$
$$该产品直接人工的单位标准工时$$

$$某生产车间标准工资率 = （\sum 生产车间该生产线某产品的实际产量 ×$$
$$该产品直接人工的单位标准成本）÷ 标准工时$$

$$效率差异 = （实际工时 - 标准工时）× 标准工资率$$

$$工资率差异 = 实际工时 × （实际工资率 - 标准工资率）$$

其中，生产车间该生产线的生产工时和产品实际产量可以从辅助信息－生产记录表中获得；生产车间该生产线的人工费可以根据辅助信息－生产记录表和人工费用信息表（附表1-8）计算得到；产品直接人工的单位标准工时和单位标准成本可从标准成本数据表（表5-3）中获得。

六、根据预算和实际数据计算变动制造费用差异

变动制造费用属于变动成本，成本差异包括变动制造费用耗费差异和变动制造费用效率差异。变动制造费用耗费差异类似于直接材料价格差异和直接人工工资率差异，变动制造费用效率差异类似于直接材料数量差异和直接人工工时耗用量（效率）差异。变动制造费用差异见表5-7。

表5-7　变动制造费用差异

项目	P1	P2	P3	P4
实际工时／季度				
实际费用分配率／（万元／季度）				
标准工时／季度				

项目	P1	P2	P3	P4
标准费用分配率 /（万元 / 季度）				
效率差异 / 万元				
耗费差异 / 万元				

表 5-7 中变动制造费用差异相关项目计算公式如下：

实际工时为实际基础数据表（表 5-2）中产品的工时实际消耗量；

实际费用分配率为实际成本数据表（表 5-4）中产品变动制造费用的价格因素

$$标准工时 = 产品实际产量 × 产品变动制造费用的单位标准工时$$

标准费用分配率 = 标准成本数据表（表 5-3）中产品变动制造费用的价格因素

$$效率差异 =（实际工时 - 标准工时）× 标准费用分配率$$

$$耗费差异 =（实际费用分配率 - 标准费用分配率）× 实际工时$$

其中，产品实际产量可从实际基础数据表（表 5-2）中获得；产品变动制造费用的单位标准工时可从标准成本数据表（表 5-3）中获得。

七、根据预算和实际数据计算固定制造费用差异

固定制造费用属于固定成本，它在一定业务量的范围内不随业务量的变动而变动，所以固定制造费用不能简单地分为价格差异和数量差异。根据二因素法，把固定制造费用差异分为耗费差异和能量差异。耗费差异是指实际产量下的实际固定制造费用和预算产量下的标准固定制造费用之间的差异；能量差异是指预算产量下的标准固定制造费用和实际产量下的标准固定制造费用的差异，是实际产量没有达到预算产量导致生产能力的"浪费"所形成的差异。固定制造费用差异见表 5-8。

表 5-8 固定制造费用差异

项目	P1	P2	P3	P4
实际工时 / 季度				
实际费用分配率 /（万元 / 季度）				
标准工时 / 季度				
标准费用分配率 /（万元 / 季度）				
能量差异 / 万元				
耗费差异 / 万元				

表5-8中固定制造费用差异相关项目计算公式如下：

实际工时为实际基础数据表（表5-2）产品的工时实际消耗量；

实际费用分配率为实际成本数据表（表5-4）中产品固定制造费用的价格因素。

$$标准工时 = 实际产量 × 单位标准工时$$

标准费用分配率为标准成本数据表（表5-3）中产品固定制造费用的价格因素。

$$能量差异 = 预算产量 × 单位标准工时 × 标准费用分配率 - 标准工时 × 标准费用分配率$$
$$耗费差异 = 实际工时 × 实际费用分配率 - 预算产量 × 单位标准工时 × 标准费用分配率$$

其中，实际产量可从实际基础数据表（表5-2）中获得；单位标准工时可从标准成本数据表（表5-3）中获得；预算产量可从预算基础数据表（表5-1）中获得。

八、根据预算和实际数据计算成本差异

成本差异见表5-9。

表5-9 成本差异　　　　　　　　单位：万元

项目	实际成本	标准成本	成本差异
直接材料			
直接人工			
变动制造费用			
固定制造费用			

表5-9中成本差异相关项目计算公式如下：

（一）直接材料项目

$$直接材料实际成本 = 实际基础数据表（表5-2）材料实际消耗额之和$$
$$直接材料标准成本 = \sum 某产品某材料的实际消耗量 × 某产品某材料的单位标准价格$$
$$直接材料成本差异 = 直接材料实际成本 - 直接材料标准成本$$

其中，某产品某材料的实际消耗量可从实际基础数据表（表5-2）中获得；某产品某材料的单位标准价格可从标准成本数据表（表5-3）中获得。

（二）直接人工项目

$$直接人工实际成本 = 实际基础数据表（表5-2）实际直接人工之和$$
$$直接人工标准成本 = \sum 某产品实际产量 × 某产品直接人工的单位标准成本$$
$$直接人工成本差异 = 直接人工实际成本 - 直接人工标准成本$$

其中，某产品实际产量可从实际基础数据表（表5-2）中获得；某产品直接人工单位标准成本可从标准成本数据表（表5-3）中获得。

（三）变动制造费用项目

变动制造费用实际成本 = 实际基础数据表（表 5-2）实际变动制造费用

变动制造费用标准成本 = 预算基础数据表（表 5-1）预算变动制造费用

变动制造费用成本差异 = 变动制造费用实际成本 − 变动制造费用标准成本

（四）固定制造费用项目

固定制造费用实际成本 = 实际基础数据表（表 5-2）实际固定制造费用

固定制造费用标准成本 = ∑某产品实际产量 × 某产品固定制造费用的单位标准成本

固定制造费用成本差异 = 固定制造费用实际成本 − 固定制造费用标准成本

其中，某产品实际产量可从实际基础数据表（表 5-2）中获得；某产品固定制造费用单位标准成本可从标准成本数据表（表 5-3）中获得。

● 任务操作

一、操作流程

标准成本分析流程见图 5-1。

单击"标准成本分析" → 查看任务规则 → 填写任务表格 → 单击"结束任务"

图 5-1 标准成本分析流程

二、具体操作

标准成本分析在第四季度完成。进入系统界面，基础数据表格和标准成本数据表格系统自动填写，其余表格需要手动填写（见图 5-2 ~ 图 5-9）。每填写完成一个表格后单击"保存"按钮，填写完全部任务表格后，单击"结束任务"按钮，完成操作。

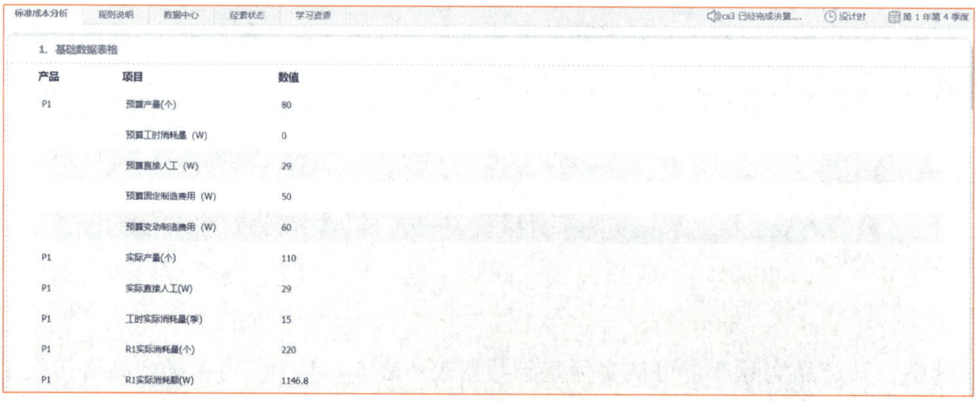

图 5-2 基础数据表

2. 标准成本数据表格

产品	项目	数量因素	价格因素	标准成本
P1	R1	2	3.13	6.26
P1	直接人工	0	0	0
P1	变动制造费用	0	0	0
P1	固定制造费用	0	0	0

图 5-3 标准成本数据表格

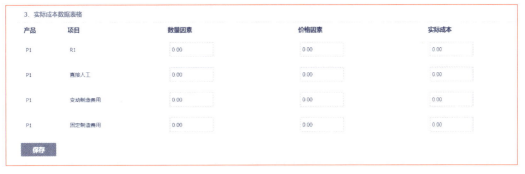

3. 实际成本数据表格

产品	项目	数量因素	价格因素	实际成本
P1	R1	0.00	0.00	0.00
P1	直接人工	0.00	0.00	0.00
P1	变动制造费用	0.00	0.00	0.00
P1	固定制造费用	0.00	0.00	0.00

保存

图 5-4 实际成本数据表格

4. 直接材料差异

项目	实际数量	实际价格	标准数量	标准价格	数量差异	价格差异
R1	0.00	0.00	0.00	0.00	0.00	0.00

保存

图 5-5 直接材料差异

5. 直接人工差异

项目	实际工时	实际工资率(W/季)	标准工时	标准工资率(W/季)	效率差异	工资率差异
A厂房第1车间手工线	0.00	0.00	0.00	0.00	0.00	0.00
A厂房第2车间半自动线	0.00	0.00	0.00	0.00	0.00	0.00
A厂房第3车间全自动线	0.00	0.00	0.00	0.00	0.00	0.00
A厂房第4车间柔性线	0.00	0.00	0.00	0.00	0.00	0.00

保存

图 5-6 直接人工差异

6. 固定制造费用差异

项目	实际产量	实际费用分配率(W/季)	标准产量	标准费用分配率(W/季)	能量差异	耗费差异
P1	0.00	0.00	0.00	0.00	0.00	0.00

保存

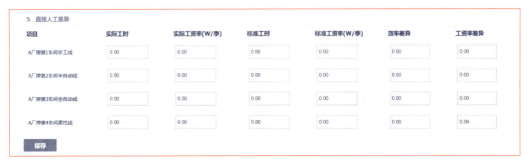

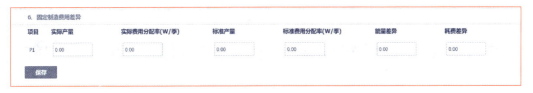

图 5-7 固定制造费用差异

图 5-8　变动制造费用差异

图 5-9　成本差异

任务思考

1. 固定制造费用差异使用三因素分析法如何计算分析？结合实例说明。
2. 市场经济下，标准成本如何制定？

任务二　作业成本分析

任务目标

- 根据企业实际数据和作业成本法分配计算成本费用。
- 能够根据作业成本法计算的成本，比较分析和标准成本法或其他成本法的区别。

任务背景

随着智能化、自动化制造时代的来临，企业的经营环境正面临着前所未有的变化，产品或劳务的成本结构也会发生重大变化，其基本特征就是直接人工成本比重大幅下降，制造费用比重大大增加。因此，制造费用分配的科学与否很大程度上决定了产品成本核算的准确性和成本控制的有效性。作业成本法与完全成本法相比，能更为准确地分配间接费用，是一种更为精确的成本计算方法。

微课：作业成本法的基本程序

● 任务分析

作业成本法是指把企业消耗的资源按资源动因分配到作业，并把作业收集的成本按作业动因分配到成本对象的成本核算和管理方法。作业成本核算的基础是成本驱动因素理论：生产导致作业的发生，作业消耗资源并导致成本的发生，产品消耗作业。由此可见，作业成本的实质就是在资源耗费和产品耗费之间借助作业来分离、归纳和组合，最后形成各种产品成本和不同管理成本。

一、归集实际生产资料

基础数据包括 P1、P2、P3 和 P4 产品的实际产量、直接材料成本、直接人工成本、制造费用成本、机器制造工时和单位产品成本。基础数据根据辅助信息——生产记录表和系统决算报告实际数据填写。填写表 5-10。

表 5-10 基础数据表

项目	P1	P2	P3	P4
产量 / 件				
直接材料 / 万元				
直接人工 / 万元				
制造费用 / 万元				
机器制造工时 / 季度				
单位产品成本 / 万元				

表 5-10 中相关项目计算公式如下所示：

（一）确定产量

生产数量可根据辅助信息的生产记录查询得到。

（二）确定直接材料

直接材料 = 生产成本 − 分配的变动制造费用 − 直接人工

分配的变动制造费用 = 单位工时变动制造费用 × 产品实际工时

单位工时变动制造费用 = 变动制造费用总额 ÷ 实际总工时

其中，生产成本和产品实际工时可根据辅助信息的生产记录表查询得到；变动制造费用总额可根据决算报告实际数据或支付相关费用任务查询得到；实际总工时等于所有产品实际工时之和；直接人工根据生产记录和直接人工信息表计算得到。

（三）确定直接人工

直接人工根据生产记录和直接人工信息表计算得到。

（四）确定制造费用

分配的制造费用 = 制造费用总额 ÷ 实际总工时 × 产品工时

制造费用总额包含变动制造费用和固定制造费用，可根据支付相关费用和折旧任务查到相关数据，或根据决算报告实际数据查询得到。

（五）确定机器制造工时

机器制造工时等于产品生产工时，可根据辅助信息的生产记录表查询得到。

（六）确定单位产品成本

单位产品成本 =（直接材料 + 直接人工 + 制造费用）÷ 产量

二、把资源按照作业进行归集

按照工作内容区分不同的作业，实训中，作业包括设备折旧作业、设备维修作业和其他制造费用（维持作业）。每一个作业对应设立一个成本库；按照资源动因把资源的消耗逐项分配到作业中。设备维修费分配到设备维修作业中，设备折旧费分配到设备折旧作业中，其他制造费用（维持作业）包括车间管理人员工资、水电费、厂房折旧和厂房维修费。各项作业的实际金额可在决算报告获取。填写表 5-11。

表 5-11　成本库制造费用归集表　　　　　　　　单位：万元

作业	资源耗费	金额
设备折旧（批次作业）	设备折旧费	
设备维修（批次作业）	设备维修费	
其他制造费用（维持作业）	车间管理人员工资	
	水电费	
	房屋建筑物折旧	
	房屋建筑物维修	

三、确定作业动因

分析成本与作业间的关系确定各项作业的作业动因，并确定相关产品批次的作业量。实训中，设备维修费作业的作业动因是生产批次，即生产线当年生产该产品的次数；设备折旧的作业动因同样是生产批次；其他制造费用的作业动因是机器制造工时，即当年生产该产品总共耗费的生产工时数。填写作业成本库成本动因表（表5-12）。

表5-12　作业成本库成本动因表

作业	成本动因	P1	P2	P3	P4
设备维修（批次作业）	生产次数／次				
设备折旧（批次作业）	生产次数／次				
其他制造费用（维持作业）	机器制造工时／季度				

四、计算单位作业成本

通过成本库制造费用归集表（表5-11）得到各个作业的资源耗费，通过作业成本库成本动因表（表5-12）可得到各个作业的作业量，根据各个作业的资源耗费和作业量计算单位作业成本。单位作业成本表见表5-13。

表5-13　单位作业成本表

作业	作业量	制造费用／万元	作业量	单位作业成本／万元
设备维修	生产次数／次			
设备折旧	生产次数／次			
其他制造费用	机器制造工时／季度			

五、计算产品批次对应的作业成本

根据单位作业成本和各产品的作业量分配制造费用，制造费用分摊表见表5-14。

表5-14　制造费用分摊表　　　　　　　　　　　单位：万元

作业	P1	P2	P3	P4
设备维修（批次作业）				
设备折旧（批次作业）				
其他制造费用（维持作业）				

六、计算产品单位成本

根据产品直接材料、直接人工和按作业分摊的制造费用计算产品总成本，最终根据产品总成本和产品生产数量计算单位产品成本。产品单位成本表见表5-15。

表5-15 产品单位成本表 单位：万元

作业	P1	P2	P3	P4
直接材料（单位作业）				
直接人工（单位作业）				
设备维修（批次作业）				
设备折旧（批次作业）				
其他制造费用（维持作业）				
总成本				
单位产品成本				

因为直接材料和直接人工可以直观地确定为产品所消耗，故直接计入产品成本。产品单位成本表相关数据计算公式如下：

产品成本 = 直接材料 + 直接人工 + 设备维修费 + 设备折旧 + 其他制造费用
产品单位成本 = 产品成本 ÷ 产品生产数量

任务操作

一、操作流程

作业成本分析流程见图5-10。

单击"作业成本分析" → 查看任务规则 → 填写任务表格 → 单击"结束任务"

图5-10 作业成本分析流程

二、具体操作

作业成本分析在第四季度完成。在系统界面，填写每个表格内容，单击"保存"按钮；填写完全部任务表格后，单击"结束任务"按钮，完成操作。具体操作界面见图5-11 ~ 图5-16。

1. 基础数据表

项目	P2	P3
产量(件)	0.00	0.00
直接材料(W)	0.00	0.00
直接人工(W)	0.00	0.00
制造费用(W)	0.00	0.00
机器制造工时(季度)	0.00	0.00
单位产品成本(W)	0.00	0.00

保存

图 5-11　基础数据表

2. 成本库制造费用归集表（单位：W）

项目	数额
设备折旧	0.00
设备维修费	0.00
其他制造费用	
车间管理人员工资	0.00
水电费	0.00
房屋建筑物折旧	0.00
房屋建筑物维修费	0.00

保存

图 5-12　成本库制造费用归集表

3. 作业成本库成本动因表

作业	成本动因	P2	P3
设备维修费(批次作业)	生产次数(次)	0.00	0.00
设备折旧(批次作业)	生产次数(次)	0.00	0.00
其他制造费用(维持作业)	机器制造工时(季度)	0.00	0.00

保存

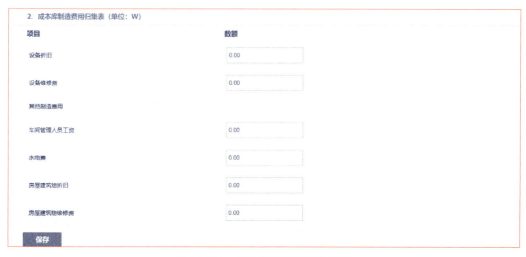

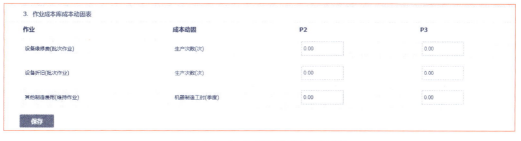

图 5-13　作业成本库成本动因表

图 5-14　单位作业成本

图 5-15　制造费用按单位作业成本分摊

图 5-16　产品单位成本表

任务思考

1. 作业成本法中的作业有什么特点？

2. 作业成本法是如何将成本计算和成本管理相结合的？请结合具体实例分析。

必备知识技能导图

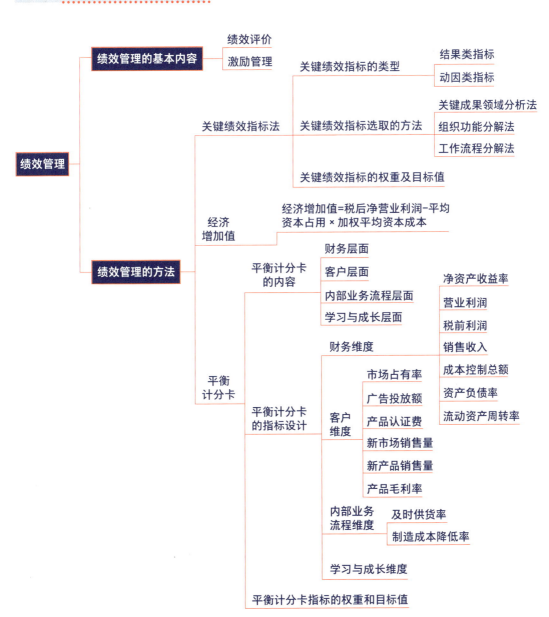

任务　绩效管理分析

任务目标

● 能够根据实际执行结果计算绩效目标。
● 能够根据对比的绩效预算目标和实际目标进行差异分析，控制经营风险。

任务背景

由于存在不同的委托代理关系，现代企业十分重视企业治理结构的优化，以及对管理者进行业绩考核与评价。管理会计一直把管理者业绩考核与评价作为内部控制研究的重要组成部分，这一研究集中于管理者业绩考核与评价的主体、客体和评价目标。

视频：平衡计分卡

企业运用平衡计分卡进行绩效管理，选择了从财务维度、客户维度和内部业务流程维度三个方面进行评价，同时选择了销售战略和生产战略两个模块进行评价。若评价结果即实际值与预算值相比上下浮动在 20%（包含 20%）之间，会获得相应的得分；超过 20%，会扣除相应的分数。若这一项目没有预算数据和实际数据，则不获得分数。

任务分析

企业业绩考核和评价系统是指为达到一定的目的，运用特定的指标，比照统一的标准，采取规定的方法，对经营业绩做出判断，并与激励结合的考评制度。实训中分为两部分，一是企业整体层次的长期业绩考核——五年的销售战略和生产战略考核；二是企业整体年度业绩考核——财务维度、客户维度和内部流程维度目标业绩考核。

一、根据决算数据填写销售战略

填写销售战略，见表 6-1。

表 6-1　销　售　战　略　　　　　单位：件

产品	第一年	第二年	第三年	第四年	第五年	已完成量	完成率
P1							
P2							
P3							
P4							

二、根据决算数据填写生产战略

填写生产战略，见表 6-2。

表6-2　生　产　战　略　　　　　　　　　　　　　单位：件

产品	第一年	第二年	第三年	第四年	第五年	已完成量	完成率
P1							
P2							
P3							
P4							

三、根据决算数据填写财务维度目标

填写财务维度目标，见表6-3。

表6-3　财务维度目标

战略目标与主题	核心衡量指标	目标值	实际值
股东满意的投资回报	净资产收益率 /%		
企业整体利润提升	营业利润 / 万元		
企业整体利润提升	税前利润 / 万元		
主营业务收入增长	销售收入 / 万元		
总成本控制	成本控制总额 / 万元		
加速流动资金周转	流动资产周转率 /%		
良好资产结构	资产负债率 /%		

四、根据决算数据填写客户维度目标

填写客户维度目标，见表6-4。

表6-4　客户维度目标

战略目标与主题	核心衡量指标	目标值	实际值
现金业务	市场占有率 /%		
建立领先品牌	广告投放 / 万元		
建立领先品牌	ISO 认证 / 万元		
增加收入机会	新市场销售量 / 件		
增加收入机会	新品销售量 / 件		
提升客户价值	毛利率 /%		

五、根据决算数据填写内部业务流程维度目标

填写内部业务流程维度目标，见表6-5。

6

表6-5　内部业务流程维度目标

战略目标与主题	核心衡量指标	目标值	实际值
加强订单实现管理	及时供货率/%		
提高投入产出比	制造成本降低率/%		

此处平衡计分卡指标与战略管理相结合，进行本年年末指标评定，检查战略指标的实际完成情况。

在战略管理项目中，已经制定好销售战略、生产战略、财务维度、客户维度、内部业务流程维度的各项目标指标。在本项目绩效管理中，系统根据实际经营数据生成销售战略、生产战略、财务维度、客户维度与内部业务流程维度指标的实际数据，对实际值和目标值（即战略管理下制定的目标）进行对比考核，分析企业经营管理的状况。

实际值与目标值对比后若产生差异，利用差异分析查找差异原因，并预测和判断企业经营活动的未来趋势，从而使企业相关利益主体更好地规划未来，调整和把握企业的发展方向。

任务操作

一、操作流程

绩效管理流程见图6-1。

单击"绩效管理" → 查看任务规则 → 单击"结束任务"

图6-1　绩效管理流程

二、具体操作

在系统界面，单击"结束任务"按钮，完成操作。如图6-2所示。

绩效管理	规则说明	数据中心	经营状态	学习资源			cs1 已经完成决策…	设计时	第3年第4季度
P1	50	80	110	145	125	214	41.96%		
P2	0	80	115	145	135	169	35.58%		
P3	0	25	80	100	100	105	34.43%		
P4	0	0	0	0	0	0	0%		

2.生产战略(单位：件)

产品	第一年	第二年	第三年	第四年	第五年	已完成量	完成率（%）
P1	230	160	0	0	120	390	76.47%
P2	0	100	200	200	0	250	50%
P3	0	60	120	120	20	160	50%
P4	0	0	0	0	0	0	0%

结束任务

图6-2　绩效管理

任务思考

1. 绩效目标的差异在哪个区间属于合理差异范围？

2. 若绩效目标的差异过大，可能是什么原因引起的？应该怎么解决？请结合实例具体分析。

6

必备知识技能导图

管理会计报告
├─ 管理会计报告的特点
│ ├─ 相关性
│ ├─ 分层性
│ ├─ 多维度
│ ├─ 预见性
│ └─ 灵活性
└─ 管理会计报告的内容
   ├─ 战略层管理会计报告
   │ ├─ 战略管理报告
   │ ├─ 价值创造报告
   │ ├─ 经营分析报告
   │ ├─ 风险分析报告
   │ ├─ 重大事项报告
   │ └─ 例外事项报告
   ├─ 经营层管理会计报告
   │ ├─ 全面预算管理报告
   │ ├─ 投资分析报告
   │ ├─ 项目可行性报告
   │ ├─ 筹资分析报告
   │ ├─ 资金管理报告
   │ ├─ 盈利分析报告
   │ ├─ 成本管理报告
   │ └─ 业绩评价报告
   └─ 业务层管理会计报告
      ├─ 研究开发报告
      ├─ 采购业务报告
      ├─ 生产业务报告
      ├─ 销售业务报告
      ├─ 配送业务报告
      ├─ 人力资源报告
      └─ 售后服务业务报告

7

任务　编制管理会计报告

任务目标

● 能够根据企业的各项全面分析和经营结果，编制战略管理报告、投融资报告、运营报告、全面预算管理报告和业绩评价报告。

任务背景

管理会计报告是针对企业经营管理问题，为满足企业内部需求，运用管理会计方法提出具体原因、未来走势、后续结果和建议措施等一系列内容，它面对的对象不同，阐述的内容形式也有所不同，按照企业管理会计报告使用者所处的管理层级管理会计报告可分为战略层管理会计报告、经营层管理会计报告和业务层管理会计报告，主要目标是为企业各层级进行规划、决策、控制和评价等管理活动提供有用信息。实训中企业需要在不同的年份，按照企业经营结果，编制不同的管理会计报告。

任务分析

第一年根据制定战略时的分析过程，编写战略管理报告，通过背景介绍，内外环境的分析、战略实施的预期结果和未来战略评估的方法等方面主要阐述战略；第二年根据经营结果编制运营报告，主要通过财务指标分析阐述近两年的运营成果；第三年根据产品研发和生产线、厂房的投入编写投融资报告，主要通过项目背景和规划、内外环境分析、资金分析等阐述选择的原因及后续的可行性；第四年根据预算执行结果编制全面预算报告，主要通过差异分析阐述预算执行的状况，以及差异形成的原因；第五年编制业绩评价报告，主要从财务指标和非财务指标，财务维度、客户维度和内部业务流程维度来评价企业业绩。

任务操作

一、操作流程

管理会计报告流程见图7-1。

图7-1　管理会计报告流程

二、具体操作

每年绩效管理结束之后，进入管理会计报告页面，通过单击"查看范文"按钮，查看相应的管理会计报告范文，通过范文和企业的规划、经营结果编写当前管理会计报告，编写结束后，单击"结束任务"按钮即可，如图7-2所示。

图 7-2　管理会计报告

任务思考

1. 管理会计报告的对象是什么？

2. 管理会计报告内容应该是偏详细还是偏概括？为什么？

3. 管理会计报告在管理会计中的作用。

一、产品研发

只有产品研发完成后，才能进行该产品的生产，学员需要根据市场预测和调研报告制定自身的产品研发计划。产品研发信息见附表1-1。

附表1-1　产品研发信息

产品	研发周期	研发费用
P2	6季度	10万元/季度
P3	6季度	20万元/季度
P4	6季度	30万元/季度

二、购买厂房

学员必须有了厂房，才能将生产线安装到厂房中。所以学员需要提前决策厂房的购买。厂房购买规则见附表1-2。

附表1-2　厂房购买规则

厂房	容纳生产线/条	购买价格/万元	维修费/万元	车间管理人员工资/万元	水电费/万元	变卖价格/万元
A厂房	4	320	10	50	30	320
B厂房	3	240	8	30	20	240
C厂房	1	120	6	20	10	120

注：购买厂房需要一次性支付现金，若要变卖厂房，首先保证厂房内没有生产线。

三、购买生产线

（1）生产线购买后，不需要安装直接可以进行生产。

（2）半自动生产线和全自动生产线进行转产时，需要支付相应的转产费用。

生产线信息和人工费信息见附表1-3、附表1-4。

附表1-3　生产线信息　　　　　　　　　金额单位：万元

生产线	生产周期/季度	周期产量/件	购买价格	维修费用	转产费用	变卖价格	拆迁费用
手工线	3	10	25	5	0	5	1
半自动线	2	10	40	5	5	10	1
全自动线	1	10	80	5	10	20	1
柔性线	1	10	120	5	0	30	1

附表1-4　人工费信息　　　　　　　　　单位：万元

产品	手工线	半自动线	全自动线	柔性线
P1	5	4	2	2
P2	10	8	4	4
P3	15	10	5	5
P4	20	15	7	7

四、贷款和民间融资

贷款信息见附表1-5。

附表1-5　贷 款 信 息

融资方式	贷款时间	贷款额度	还贷	年利率	期限
短期贷款	每季任何时间	上年所有者权益的两倍，并能被100整除的最大整数－已贷短期贷款	到期一次还本付息	5%	4季度
民间融资	每季任何时间	上年所有者权益的两倍，并能被100整除的最大整数－已贷民间融资	到期一次还本付息	15%	4季度
长期贷款	每年年末	上年所有者权益的两倍，并能被100整除的最大整数－已贷长期贷款	年末付息，到期还本	10%	4年

注：有到期未还款的贷款，需要先还款，才能再次进行贷款。

五、投放广告

（1）广告投放板块中包括产品名称和各个市场，已经研发的产品会显示在产品名称一栏的下面。例如，可以单击P1本地市场下的数字，调整对应产品的广告费，进行该产品的广告投放，单击"投放广告"按钮即完成该产品在本地市场广告的投放。

（2）学员在市场广告投放板块进行本年度的广告投放，每年须进行至少一次广告的投放，如果放弃广告的投放，将无法参加选单。

（3）选单开始后不能再投放广告，一年只能投放一次广告。

（4）广告的投放金额影响订单的选择，广告的投放金额在销售订单收入的2%～15%，广告费投放的越多，获取订单的机会才越大。

六、竞标拿单

（1）投放的广告在广告影响力范围内才能选单成功。

（2）每年只能选单一次，只有第一季度才可以进行销售订单的选择。

（3）订单选择完毕后，需要单击"结束选单"按钮。

（4）加急订单必须在当季度交货，其他订单只要在本年度交货即可，若没在规定时间内交单，则需要支付违约金，违约金支付完后，订单自动取消。

七、产品下线入库

（1）不同的生产线生产产品需要的周期不同，系统以季度为单位进行生产，手工生产线需要3个季度生产10件产品，半自动生产线需要2个季度生产10件产品，全自动和柔性生产线需要1个季度生产10件产品。

（2）只有生产线上的完工产品，才能执行此任务下线入库。

八、采购材料

为了防止生产出现停工待料，学员必须按照订货规则提前进行原料订购。

（1）R1、R2提前1个季度采购订单；R3、R4提前2个季度采购订单。

（2）每个季度只能进行1次采购。

（3）每次原材料采购50件以下，账期为0，材料到货时需要付现金；采购数量51～100件，产生1个季度的应付账款的账期；采购数量101～150件，产生2个季度的应付账款的账期；采购数量151～200件，产生3个季度应付账款的账期；采购数量201件以上，产生4个季度应付账款的账期。材料信息见附表1-6，材料款支付信息见附表1-7。

附表1-6 材 料 信 息

材料名称	标准价格/（万元/件）	加急采购价格/（万元/件）	变卖价格/（万元/件）	到货周期/季度	市场波动
R1	5	10	3	1	−20%～50%
R2	6	12	3	1	−20%～50%
R3	7	14	4	2	−20%～50%
R4	8	16	4	2	−20%～50%

材料采购数量 / 件	支付方式	账期 / 季度
≤ 50	现付（货到付款）	0
51 ~ 100	后付	1
101 ~ 150	后付	2
151 ~ 200	后付	3
≥ 201	后付	4

九、投入生产

（1）采购完原材料且材料到货以后，即可将原材料进行加工生产，生产出成品以供交付给客户。

（2）每条生产线只能投产一种产品。

（3）每条生产线投产不同的产品，直接人工费用也不同。

（4）投入生产操作可以按照空闲生产线多次操作。

BOM 清单和人工信息见附表 1-8。

附表 1-8　BOM 清单和人工信息　　　　　　　　　单位：万元

产品	BOM 清单	手工线人工费	半自动线人工费	全自动、柔性线人工费
P1	2R1	5	4	2
P2	R1+2R2	10	8	4
P3	R2+2R3	15	10	5
P4	R3+2R4	20	15	7

十、交货

产品生产完毕，将产品交付给客户，才能真正实现产品所有权的让渡，这样才能增加企业的经营利润。

（1）如果库存数大于等于订单数量，就允许交货；否则就不允许交货。

（2）违约金：第一季度未交货的加急订单将交违约金，违约金是订单金额的 25%（四舍五入保留两位小数）；第四季度未交货的所有订单将交违约金，违约金是订单金额的 25%（四舍五入保留两位小数）。

（3）交货说明：分批交货是按订单分多次进行交货，在一个季度内可以进行多次操作。

（4）结束交货：一旦本季度不再交货，单击"结束交货"按钮即可。

十一、交税

（1）每年年初支付上一年的企业所得税。

（2）企业所得税的法定税率为25%，无须纳税调整。

（3）若前期亏损，需要弥补前五年的亏损，然后根据税前利润乘以25%取数（四舍五入保留两位小数）。

十二、支付相关费用

（1）每年第四季度现金支付库存费、维修费、水电费和车间管理人员工资。

（2）当年新增的厂房和设备不考虑维修费，水电费、车间管理人员工资按全年计算。库存费基本信息见附表1-9。厂房/生产线费用明细见附表1-10。

附表1-9 库存费基本信息

项目	数量 X/件	库存费用 Y/万元
产成品	≤ 5	0
	>5	$Y=(X-5)\times 0.1$
原材料	≤ 5	0
	>5	$Y=(X-5)\times 0.05$

附表1-10 厂房/生产线费用明细   单位：万元/年

厂房/生产线	维修费	水电费	车间管理人员工资	折旧
A厂房	10	30	50	
B厂房	8	20	30	
C厂房	6	10	20	折旧率均为33%，折旧额=厂房或生产线净值×折旧率（四舍五入后取整）
手工线	5			
半自动线	5			
全自动线	5			
柔性线	5			

十三、折旧

随着生产线使用年限的增加，生产线会出现贬值。

（1）生产线年折旧率：33%；生产线购买当年不折旧。

（2）厂房年折旧率：33%；厂房购买当年不折旧。

折旧计算方式（四舍五入取整）：

$$折旧额 = 厂房或生产线净值 \times 折旧率$$

十四、市场开拓

学员需要根据市场分析以及自身制定的营销策略进行市场开拓，市场开拓需要开拓周期和费用，市场开拓完毕后，可进行产品销售。市场开拓信息见附表 1-11。

附表 1-11　市场开拓信息

市场	开拓周期 / 年	开拓费用 / （万元 / 年）
区域市场	1	100
国内市场	2	100
亚洲市场	3	100
国际市场	4	100

注：市场开拓时，请一次性选中需要开拓的市场再进行开拓，未选中的市场不能进行再次开拓。

十五、ISO 认证

只有当 ISO 9000、ISO 14000 认证完成后，才可以参与带有 ISO 9000 或 ISO 14000 认证要求的订单。ISO 认证信息见附表 1-12。

附表 1-12　ISO 认证信息

认证	认证周期 / 年	认证费用 / （万元 / 年）
ISO 9000	2	50
ISO 14000	4	50

注：ISO 认证时，请一次性选中需要的认证项目再进行认证，未选中的认证项目不能再次进行认证。

单选题（共 30 题，每题 1 分）

1. 甲企业 2020 年税前利润 100 万元，2015—2019 年亏损 40 万元，该企业 2020 年应交税款（　　）万元。

A. 10 　　　　　　B. 15 　　　　　　C. 20 　　　　　　D. 25

2. 甲企业进行 P2、P3、P4 产品的研发，由于资金原因 P3、P4 各中断了一个季度的研发，那么直到所有产品研发完成，该企业共投资（　　）万元产品研发费。

A. 300 　　　　　B. 310 　　　　　C. 340 　　　　　D. 360

3. 甲企业拥有 A、B、C 3 个厂房，使用了 3 年，因为连年亏损，现要卖出，共可以卖（　　）万元。

A. 306 　　　　　B. 360 　　　　　C. 560 　　　　　D. 680

4. 甲企业权益为 59 万元，已贷短贷为 20 万元，已贷长贷为 40 万元，那么甲企业还可以贷（　　）万元长贷。

A. 60 　　　　　　B. 80 　　　　　　C. 40 　　　　　　D. 20

5. 短贷、长贷、民间融资的利息各为（　　）。

A. 5%、10%、15% 　　　　　　　　　B. 10%、15%、5%

C. 15%、5%、10% 　　　　　　　　　D. 10%、5%、15%

6. 甲企业权益为 59 万元，已贷短贷为 20 万元，那么甲企业还可以贷（　　）万元短贷。

A. 98 　　　　　　B. 118 　　　　　C. 80 　　　　　　D. 100

7. 甲企业权益为 59 万元，已贷短贷为 20 万元，那么甲企业还可以贷（　　）万元民间融资。

A. 98 　　　　　　B. 118 　　　　　C. 80 　　　　　　D. 100

8. 甲企业须贴现 42 万元的应收款，那么需要付息（　　）万元。

A. 7 　　　　　　　B. 6 　　　　　　　C. 5 　　　　　　　D. 4

9. 甲企业需要生产 P1、P2、P3、P4 产品各 10 件，共需要（　　）件原材料。

A. 40 　　　　　　B. 80 　　　　　　C. 100 　　　　　D. 110

10. 甲企业拥有 3 条手工线，2 条半自动线，全自动线和柔性线各 1 条，在原料、资金都充足的情况下，第一季度投入生产，那么甲企业这一年可以生产（　　）件成品。

A. 80 　　　　　　B. 110 　　　　　C. 120 　　　　　D. 130

11. 甲企业在规定时间内没有交上一个数量为 6 件、单价为 30 万元的 P1 产品订单，那么甲企业需要缴（　　）万元违约金。

A. 7.5　　　　　　　　B. 15　　　　　　　　C. 30　　　　　　　　D. 45

12. 甲在本地市场可以选单，认证且只认证完成了 ISO 14000，甲可以选择要求（　　）认证的订单。

A. 具有 ISO 9000　　　　　　　　　　B. 具有 ISO 9000 和 ISO 14000

C. 具有 ISO 14000　　　　　　　　　D. 无

13. 为防止生产出现停工待料，R1、R2、R3、R4 的采购订单分别提前（　　）季度提交。

A. 1、1、2、2　　　　　　　　　　　B. 1、1、1、1

C. 2、2、2、2　　　　　　　　　　　D. 2、2、1、1

14. 全自动线、手工线、柔性线、半自动线的生产周期分别是（　　）。

A. 1、2、1、3　　　　　　　　　　　B. 1、3、1、2

C. 3、1、2、1　　　　　　　　　　　D. 1、2、3、1

15. 甲企业需要变卖 1 条手工线、1 条半自动线、2 条全自动线以及 1 条柔性线，共可以获得（　　）万元现金。

A. 65　　　　　　　　B. 55　　　　　　　　C. 75　　　　　　　　D. 85

16. 甲企业要购买手工线、半自动线、全自动线、柔性线各 1 条，共需支付（　　）万元现金。

A. 265　　　　　　　B. 240　　　　　　　C. 280　　　　　　　D. 300

17. 甲企业因生产调整，须转产 2 条手工线、1 条半自动线、1 条全自动线以及 3 条柔性线，共需要（　　）万元转产费用。

A. 0　　　　　　　　B. 10　　　　　　　　C. 15　　　　　　　　D. 20

18. 甲企业第一季度采购了 21 个 R1、50 个 R2、31 个 R3、51 个 R4（采购单价均为 5 万元），那么下一季度须支付（　　）万元现金。

A. 0　　　　　　　　B. 105　　　　　　　C. 355　　　　　　　D. 510

19. 甲企业第三季度到期应收款为 456 万元，到期应付款为 123 万元，那么甲企业在应收应付账款会获得（　　）万元现金。

A. 456　　　　　　　B. 123　　　　　　　C. 333　　　　　　　D. 579

20. 甲企业第一季度贷款 1 000 万元短贷，500 万元民间融资，那么在下一年第一季度，甲企业共需还款（　　）万元。

A. 1 500　　　　　　B. 1 000　　　　　　C. 500　　　　　　　D. 1 625

21. 甲企业第四季度库存共有原材料 R1、R2、R3、R4 各 5 件，无成品，那么需要缴纳（　　）万元库存费。

A. 0　　　　　　　　B. 5　　　　　　　　C. 20　　　　　　　　D. 25

22. 甲企业拥有 A、B、C 三个厂房，那么年底共需缴纳（　　）万元水电费。

A. 50　　　　　　　　B. 30　　　　　　　　C. 20　　　　　　　　D. 100

23. 甲企业在第二年的经营过程中，在拥有 A 厂房的情况下，新购买了 B 厂房和 C 厂房，那么第二年甲企业须支付（　　　）万元厂房维修费。

A. 0　　　　　　　　　B. 10　　　　　　　　C. 24　　　　　　　　D. 30

24. 甲企业在第二年的经营过程中，在拥有 A 厂房的情况下，新购买了 B 厂房和 C 厂房，那么第二年甲企业须支付（　　　）万元厂房管理费。

A. 0　　　　　　　　　B. 30　　　　　　　　C. 60　　　　　　　　D. 80

25. 甲企业新购买安装 1 条全自动生产线，那么这条生产线在本年度须计提折旧（　　　）万元。

A. 0　　　　　　　　　B. 26　　　　　　　　C. 27　　　　　　　　D. 33

26. 完成 ISO 9000 认证需要耗费（　　　）万元资金。

A. 50　　　　　　　　B. 100　　　　　　　C. 150　　　　　　　D. 200

27. 完成 ISO 14000 认证需要耗费（　　　）万元资金。

A. 100　　　　　　　B. 150　　　　　　　C. 200　　　　　　　D. 250

28. 已知本会计年度购买 B 厂房花费 240 万元，那么此操作减少权益为（　　　）万元。

A. 240　　　　　　　B. 120　　　　　　　C. 60　　　　　　　　D. 0

附录三　辅助工具使用分析

一、财务分析

在每年实训结束，系统中有当前年度的财务分析，这样有助于下一年对企业做出更好的判断，通过营业成本效益分析、变动制造费用效益分析、贴现利息效益分析、产品盈利分析、广告效益分析、盈利分析、收益力分析、安定力分析、成长力分析、活动力分析和杜邦分析，对企业年度经营状况了解得更加全面，有效避免风险，更加合理地经营企业。

（一）成本、费用效益

成本、费用效益包括效益分析和费用分摊分析。

1. 效益分析的计算公式

$$某成本、费用效益 = 总销售额 \div 该项费用$$

这一指标反映的是单位费用投资带来的销售额是多少。比如广告费效益表示1万元广告投资产生的销售额。效益越大，表示投资回报越大。

2. 成本、费用分摊分析计算公式

$$某成本、费用分摊 = 该项费用 \div 总销售额$$

这一指标是上一指标的倒数，其反映的是在单位销售额中该项费用所占的成本比率。比如广告费的成本分摊比率为0.3，说明在1万元销售额中，广告成本占30%，分摊越小，成本越低。

系统中营业成本效益分析、变动制造费用效益分析、贴现利息效益分析、产品盈利分析和广告效益分析全部使用的是效益分析或成本、费用分摊分析模式。

（二）收益力分析（盈利能力分析）

收益力分析包括净利润率、所有者权益报酬率、资产报酬率和资产周转率。其计算公式如下：

$$净利润率 = 净利润 \div 销售收入$$

$$所有者权益报酬率 = 净利润 \div 净资产（年末净资产）$$

$$资产报酬率 = 净利润 \div 总资产$$

$$资产周转率 = 销售收入 \div 总资产$$

通过这些指标主要分析资产、所有者权益本年度的收益状况，即1万元资产或净资

产中，可以产生多少利润或者销售额。

（三）安定力分析（偿债能力分析）

安定力分析包括非流动资产长期适配率、流动比率和速动比率。其计算公式如下：

$$非流动资产长期适配率 = 非流动资产 \div 总资产$$

$$流动比率 = 流动资产 \div 流动负债$$

$$速动比率 = 速动资产 \div 流动负债$$

在实训中，非流动资产仅仅包括固定资产，资产中除去固定资产其余为流动资产，其中速动资产是企业的流动资产减去存货和预付费用后的余额，主要包括现金、短期投资、应收票据、应收账款。流动比率用来衡量企业流动资产在短期债务到期以前，可以变为现金用于偿还负债的能力。一般说来，比率越高，说明企业资产的变现能力越强，短期偿债能力亦越强；反之则弱。一般认为流动比率应在 2∶1 以上。流动比率为 2∶1，表示流动资产是流动负债的两倍，即使流动资产有一半在短期内不能变现，也能保证全部的流动负债得到偿还；速动比率衡量企业流动资产中可以立即变现用于偿还流动负债的能力；非流动资产长期适配率表示非流动资产在资产中的占比，即 1 万元资产中有多少非流动资产。

（四）成长力分析（发展能力分析）

成长力分析包括销售成长率净利润成长率和权益成长率。成长率是指今年和去年相比收入、净利润和所有者权益上升多少百分比，增长率多少，后期是否还有成长空间。

（五）活动力分析（营运能力分析）

活动力分析包括固定资产周转率、应收账款周转率和总资产周转率。其计算公式如下：

$$固定资产周转率 = 销售收入 \div 固定资产$$

$$应收账款周转率 = 销售收入 \div 应收账款$$

$$总资产周转率 = 销售收入 \div 总资产$$

固定资产周转率表示在一个会计年度内，固定资产周转的次数，或表示每 1 元固定资产支持的销售收入；应收账款是企业流动资产除存货外的另一重要项目，企业的应收账款如能及时收回，企业的资金使用效率便能大幅提高，应收账款周转率是指一定期间内企业应收账款转为现金的平均次数；总资产周转率衡量资产投资规模与销售水平之间配比情况的指标，总资产周转率越高，说明企业销售能力越强，资产投资的效益越好。

（六）杜邦分析

杜邦分析法，又称杜邦财务分析体系，简称杜邦体系，是利用各主要财务比率指标间的内在联系，对企业财务状况及经济效益进行综合系统分析评价的方法。该体系是以净资产收益率为龙头，以资产净利率和权益乘数为核心，重点揭示企业获利能力及权益乘数对净资产收益率的影响，以及各相关指标间的相互影响作用关系。

杜邦分析法中的几种主要的财务指标关系为：

$$净资产收益率 = 总资产净利率 \times 权益乘数$$

其中： $$总资产净利率 = 销售净利率 \times 总资产周转率$$

即： $$净资产收益率 = 销售净利率 \times 资产周转率 \times 权益乘数$$

杜邦分析法有助于企业管理层更加清晰地看到净资产收益率的决定因素，以及销售净利润率与总资产周转率、债务比率之间的相互关联关系，给管理层提供了一张明晰的考察企业资产管理效率和是否最大化股东投资回报的路线图。杜邦分析体系如附图 3-1 所示。

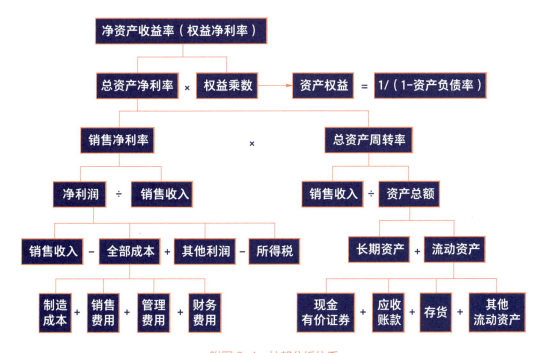

附图 3-1 杜邦分析体系

二、特殊任务

实训中，还有一些经营过程中可能不常用到的特殊任务，包括产品变卖、生产线变卖、原材料变卖、厂房变卖、生产线搬迁、生产线转产、紧急采购、贴现、追加股东投资、订单转让和产品转让等。这些任务都是企业在遇到比较特殊或者极端的情况才可能用到，在一般情况下，紧急采购、追加股东投资、订单转让和产品转让任务不开启。

（一）资产的变卖

在实训中，若企业库存积压，企业面临长期亏损的状态，或资金流已断都可以尝试变卖资产，如产品、生产线、原材料和厂房。

产品变卖操作任务图见附图 3-2。

产品变卖 规则说明 数据中心 经营状态

产品	当前库存	成本价	变卖价格	变卖数量
P1	216	11.89	6	0
P2	81	19.14	10	0
P3	55	23.56	12	0

变卖资产

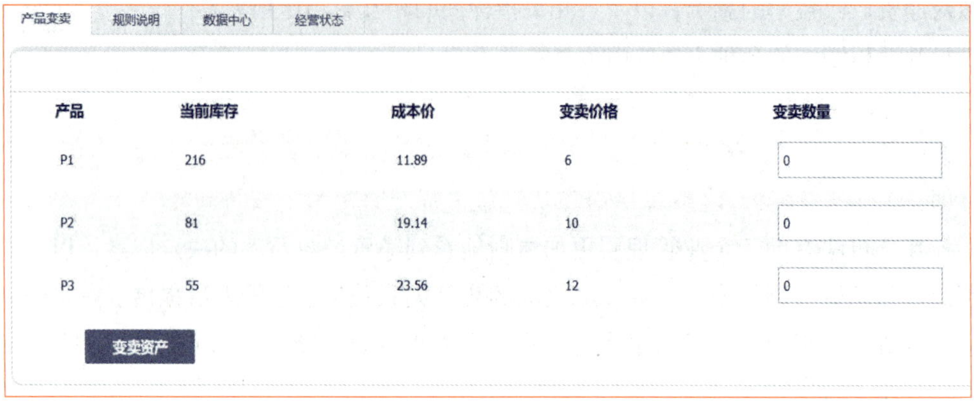

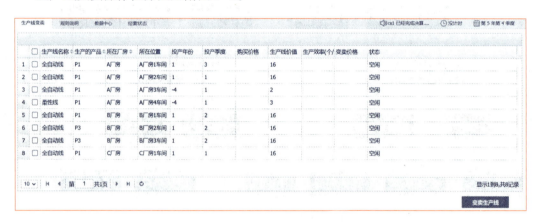

附图 3-2　产品变卖操作任务

生产线变卖操作任务图见附图 3-3。

生产线变卖 规则说明 数据中心 经营状态 cs1 已经完成决算.... 设计时 第 5 年第 4 季度

	生产线名称	生产的产品	所在厂房	所在位置	投产年份	投产季度	购买价格	生产线价值	生产效率(个/	变卖价格	状态
1	全自动线	P1	A厂房	A厂房1车间	1	3		16			空闲
2	全自动线	P1	A厂房	A厂房2车间	1	1		16			空闲
3	全自动线	P1	A厂房	A厂房3车间	-4	1		2			空闲
4	柔性线	P1	A厂房	A厂房4车间	-4	1		3			空闲
5	全自动线	P1	B厂房	B厂房1车间	1	2		16			空闲
6	全自动线	P3	B厂房	B厂房2车间	1	2		16			空闲
7	全自动线	P3	B厂房	B厂房3车间	1	2		16			空闲
8	全自动线	P1	C厂房	C厂房1车间	1	1		16			空闲

10 第 1 共1页 显示1到8,共8记录

变卖生产线

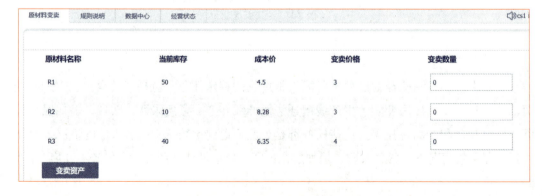

附图 3-3　生产线变卖操作任务图

原材料变卖操作任务图见附图 3-4。

原材料变卖 规则说明 数据中心 经营状态 cs1

原材料名称	当前库存	成本价	变卖价格	变卖数量
R1	50	4.5	3	0
R2	10	8.28	3	0
R3	40	6.35	4	0

变卖资产

附图 3-4　原材料变卖操作任务图

厂房变卖操作任务图见附图 3-5。

附图 3-5　厂房变卖操作任务图
注：厂房变卖时需要厂房内部无生产线。

（二）生产特殊任务

在实训中，企业若原材料不足，不能满足生产，且生产需求比较紧急的情况下可采用紧急采购任务（一般情况下，此任务不开启）。

材料采购界面见附图 3-6。

	材料名称	普通采购价	采购提前期	加急采购价	采购数量
1	R1	4	1	8	0
2	R2	4.8	1	9.6	0
3	R3	5.6	2	11.2	0
4	R4	6.4	2	12.8	0

附图 3-6　材料采购界面

若因生产需求，生产线需要在厂房内部搬迁，可采用生产线搬迁任务。生产线搬迁界面见附图 3-7。

若年度生产线需要转产，从 P1 产品转产到 P2 产品，则需要启动生产线转产任务，如附图 3-8 所示。

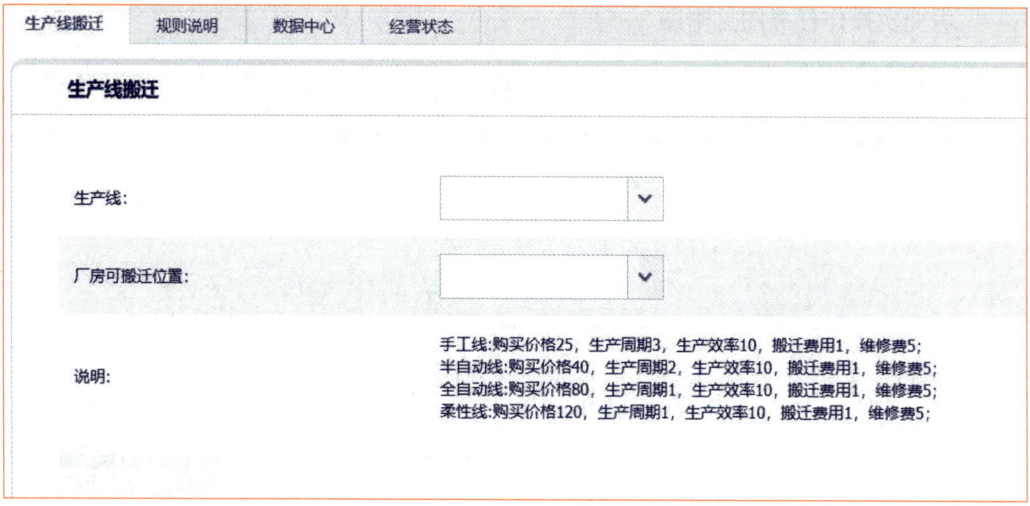

附图 3-7　生产线搬迁界面

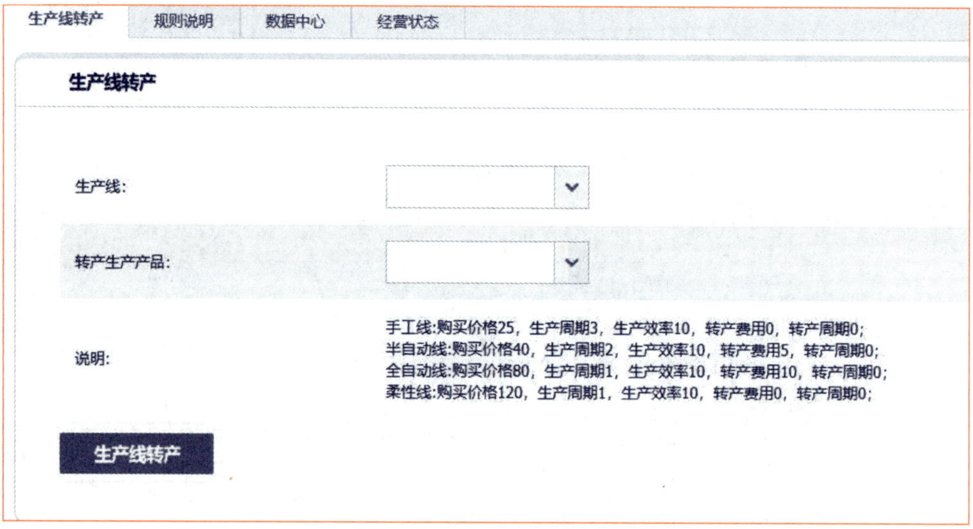

附图 3-8　生产线转产界面

（三）销售特殊任务

若资金不足，且应收账款还未回款，可进行贴现任务，如附图 3-9 所示。

若订单不能在交货期内交货，即将产生违约金，可进行订单转让，如附图 3-10 所示（一般情况下，此任务不开启）。

若产品积压，卖不出去，除变卖外还可进行产品转让，如附图 3-11 所示（一般情况下，此任务不开启）。

若企业经营不善即将破产倒闭，可求助老师进行追加股东投资任务，如附图 3-12 所示（一般情况下，此任务不开启）。

附图 3-9　贴现界面

附图 3-10　转让订单界面

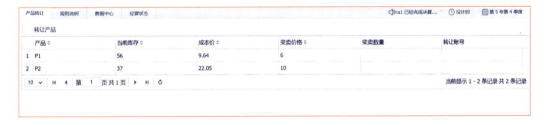

附图 3-11　转让产品界面

附图 3-12　追加股东投资界面

三、辅助信息

辅助信息中有市场预测图、现金流量表、财务报表、广告信息、市场销售信息、签约订单信息、采购订单信息、生产记录表、原料库存信息、产品库存信息和排行榜，这些数据记录了企业所有的历史经营活动。在辅助信息中可筛选市场信息和部分内部环境信息，以促进企业的战略调整和经营发展。

郑重声明

高等教育出版社依法对本书享有专有出版权。任何未经许可的复制、销售行为均违反《中华人民共和国著作权法》，其行为人将承担相应的民事责任和行政责任；构成犯罪的，将被依法追究刑事责任。为了维护市场秩序，保护读者的合法权益，避免读者误用盗版书造成不良后果，我社将配合行政执法部门和司法机关对违法犯罪的单位和个人进行严厉打击。社会各界人士如发现上述侵权行为，希望及时举报，本社将奖励举报有功人员。

反盗版举报电话　（010）58581999　58582371　58582488
反盗版举报传真　（010）82086060
反盗版举报邮箱　dd@hep.com.cn
通信地址　北京市西城区德外大街 4 号
　　　　　高等教育出版社法律事务与版权管理部
邮政编码　100120

防伪查询说明

用户购书后刮开封底防伪涂层，利用手机微信等软件扫描二维码，会跳转至防伪查询网页，获得所购图书详细信息。用户也可将防伪二维码下的 20 位密码按从左到右、从上到下的顺序发送短信至 106695881280，免费查询所购图书真伪。

反盗版短信举报

编辑短信"JB,图书名称,出版社,购买地点"发送至 10669588128

防伪客服电话

（010）58582300

资源服务提示

授课教师如需获取本书配套教辅资源，请登录"高等教育出版社产品信息检索系统"（http://xuanshu.hep.com.cn/），搜索本书并下载资源。首次使用本系统的用户，请先注册并进行教师资格认证。

资源服务支持电话：010–58581854,邮箱:songchen@hep.com.cn
高教社高职会计教师交流及资源服务 QQ 群：675544928